川沙名人

《川沙名人》编写组 编

上海科学技术文献出版社
Shanghai Scientific and Technological Literature Press

《川沙名人》编写组

胡　慧　　高所贵　　陈惠娟

石　立　　杨惠林　　潘建龙

周敏法　　陈金虎　　施济屏

序

这是一本介绍上海浦东新区川沙历史上名人的书。

上海，浦东，川沙，她们都有一个相同点：她们的名字中都有一个三点水的字；她们发展都有一个共同点：因水而生，因水而兴；她们现在也有会同点，迪士尼在川沙，也在浦东，更在上海！

综观川沙历史：沧海桑地，成陆北宋；南宋集镇，古称八团；明代筑城，始名川沙；清代设厅，民国改县；两百余载，厅治县府；鼎革盛世，今为新镇。

川沙的历史，从明代的 1557 年开始书写壮丽的一页，为了抗击入侵的倭寇，这儿修筑了流传至今的川沙堡城，到 2014 年被评为“中国历史文化名镇”，至今整整 460 年。

在这历史悠久，古迹众多，人文底蕴深厚的地方，孕育了许多为历史记载，为人民纪念的人物，本书力图从历史人物的角度来反映川沙的古往今来。

书中介绍的人物有出生在川沙老街的国家名誉主席、孙中山夫人宋庆龄，有老一辈无产阶级革命家张闻天，有全国知名的教育家、中国近代职业教育创始人黄炎培；

书中介绍的有：川沙古城之父乔镗，父子进士乔木、乔拱璧，清末金石名家沈树镛，还有何士祁、史可久等著名的古代人物；

书中还有著名的文化领袖：黄自、江丰、艾中信；

有医学大师陆渊雷、朱昌亚；

有营造大家杨斯盛、陶桂松；

有科学巨匠姜长英、陆婉珍；

还有在各自领域卓有成就的人物：连宏生、金鸿翔、黄炳权、黄培英等等

他们的经历就是我们国家历史的一个部分，

他们的生活就是我们社会变革的一个方面，

他们的事迹就是我们发展前行的一个标杆!

川沙长期以来是浦东地域文化、贸易和行政中心，名人雅仕汇聚，近代毛巾业和营造业极盛，沪剧、江南丝竹、浦东说书等民间文艺活跃，有“浦东文化之根”的美誉。

今天，磁悬浮列车从这里呼啸掠过，国际航班在这里翱翔蓝天，地下长龙在这里蜿蜒前行，游乐名园迪士尼迎接八方来宾。

川沙，正裹挟着时代的风云，迎来一个前所未有的发展黄金期。

今天川沙新镇的功能定位是“建设旅游城和航空城、培育城市副中心”。随着6月16日迪士尼乐园的正式开园，产业结构调整、土地减量化等政策的配套实施也将对川沙未来产业发展注入新的变化与活力，原有产业转型升级的需求将日趋迫切，产城融合、功能配套以及现代服务业等新兴产业所面临的机遇、挑战、发展与变革将正式在川沙拉开帷幕。

一座新城正在悄然崛起。东海岸、金汇广场、现代广场等商圈，农工商、卜蜂莲花、家乐福等大型购物中心的相继落户，丰富和完善了川沙城区商业功能；华飞皇廷、绿地豪生、南航明珠、新海航

丽豪等四星级以上宾馆相继开业，提升了川沙城市服务和旅游接待功能。

一个中西合璧、古今相融的大旅游圈正在形成。迪士尼乐园、浦东航空枢纽港、国际旅游休闲度假区、大型居住社区建设、铁路东站规划，优化和提升了川沙的发展机遇、发展条件和发展基础。

一条民间文化艺术之路同步迈进。江南丝竹、沪剧、故事、田歌等传统民俗表演活动，融入了古镇“时空之旅”菜单。一批非物质文化遗产得到挖掘和传承，“书画之乡”的创建、“黄自音乐会”的举办、“一村一居一品”建设，川沙的传统文化和现代文化将实现水乳交融。

古城新貌。今日川沙，风光旖旎。

新镇古韵。明日川沙，前景无限。

为了进一步宣传、介绍川沙的历史和文化，在有关部门的大力支持下，我们编写和出版《名镇川沙》丛书系列。对川沙的历史演变、名人、名胜古迹做一个全面介绍。第一本出版的就是《川沙名人》。

这是我们对先人的敬仰，也是对历史的敬礼！

《川沙名人》编写组

2016年6月

目录

目录

国之瑰宝 源自川沙

宋庆龄（1893—1981），是爱国主义、民主主义、国际主义、共产主义的伟大战士。1893 年 1 月 27 日，宋庆龄出生于浦东川沙镇。1907 年，赴美国留学，考入佐治亚州梅肯市威斯里安女子学院。1913 年毕业获文学学士学位。归国途中经过日本，拜会了她早已崇敬的孙中山先生。随后担任了孙中山的秘书，在共同的革命斗争中建立了深厚的友谊和爱情。1915 年 10 月 25 日，宋庆龄与孙中山在日本东京结婚。

1922 年 6 月，在陈炯明叛军企图炮轰大元帅府的危急关头，孙中山请宋庆龄先行撤离。宋庆龄却说："中国可以没有我，不可以没有你。"坚持让孙中山先行安全撤离。后几经险境，才在永丰舰（后改名中山舰）上与孙中山会合。同年在上海寓所陪同孙中山与李大钊会晤，商讨国共合作事宜。1926 年当选为国民党中央执行委员。1927 年 7 月，发表《为抗议违反孙中山的革命原则和政策的声明》，与当局决裂。1932 年与蔡元培、鲁迅、杨铨等在上海组织"中国民权保障同盟"。1934 年与何香凝等 1779 人联名发表《中华人民对日作战基本纲领》。1937 年在上海寓所接待周恩来、博古和林伯渠，拥护共产党共同抗日的主张。1939

年在香港开展“保卫中国同盟”工作。1941年与何香凝等联名通电，痛斥当局破坏抗战制造“皖南事变”。1945年9月，在重庆上清寺会见毛泽东。12月，将“保卫中国同盟”改名中国福利基金会（后改名为中国福利会）。1948年1月，中国国民党革命委员会成立，宋庆龄被推选为名誉主席。年底，迁居上海淮海中路1843号（今上海宋庆龄故居）。

1949年10月1日，宋庆龄参加中华人民共和国开国大典，12月被推选为中华全国民主妇女联合会（今全国妇联）名誉主席。1951年获得“1950年度加强国际和平斯大林国际奖金”，并将奖金捐给中国福利会，创办国际和平妇幼保健院。1952年，创办《中国建设》杂志。1953年在莫斯科会见斯大林。1954年当选为全国人大常务委员会副委员长（1975年再次当选）、政协全国委员会副主席。1956年率中国代表团访问印度尼西亚。1957年随毛泽东率领的中国代表团赴莫斯科，参加十月革命40周年庆祝活动。1959年当选为中华人民共和国副主席（1965年再次当选）。1961年在上海寓所会见毛泽东。1963年迁居北京后海北沿46号（今宋庆龄故居）。1981年5月15日，被中共中央政治局接收为中国共产党正式党员。同月16日，被全国人大常务委员会授予中华人民共和国名誉主席称号。同月29日在北京寓所逝世。1981年6月4日，骨灰安葬在上海万国公墓宋氏墓地（今宋庆龄陵园）。中国共产党、全国人大、国务院立碑铭文：“宋庆龄是爱国主义、民主主义、国际主义、共产主义的伟大战士。她为国家和人民所建树的丰功伟绩，将永载史册。”

晚年的宋庆龄大部分时间居住在上海，有次回忆起童年在浦东川沙内史第生活的往事。她对身边的工作人员讲，自己眉毛角上的那块疤痕，就是在川沙内史第生活时，从独轮车上摔下来留下的。她那一腔浓浓的浦东乡音，至今还在内史第中回响（内史第中“宋氏家族在川沙”展室滚动播放着宋庆龄生前的讲话录音）！

首批 30 名留美幼童，中有牛尚周、曹吉福

宋氏家族合影

今日，如果你有机会逗留内史第，是否会惊讶：位于海南文昌的宋氏家族怎么会出现在上海川沙内史第呢？

往事越百年。故事还得追溯到清朝晚期的洋务运动。

从美国耶鲁大学毕业的第一位中国留学生容闳回国后，积极向清政府提出留美幼童计划。经过一番波折，在得到曾国藩、李鸿章支持后，留美幼童计划终于得以实现。

1872 年 8 月 11 日，载着清政府派遣的第一批 30 名留美幼童的蒸汽轮船，从上海港出发，驶向太平洋东岸的美利坚合众国。在这艘船上，有后来成为中国铁路之父的詹天佑、成为上海制造总局帮办的来自上海嘉定的牛尚周和来自浦东川沙的曹吉福（后曹吉福为律师，一女嫁于留美硕士倪锡纯，为宋庆龄舅母；一女嫁于留美耶鲁大学医学博士、上海颜氏三杰之一的颜福庆）。这批留美幼童的年龄多在 11 至 14 岁之间。此时谁能料到，日后就是这位留美幼童牛尚周与川沙倪家联姻，由此改变了某些人的命运，甚至影响到了中国近现代史。

留学美国时期，几位留美幼童常常来到宋耀如的堂舅兼养父开设的丝茶店购买生活用品。接触多了，牛尚周和温秉忠（第二批留美幼童）与店员宋耀如成为了好朋友。牛、温俩人常劝说宋耀如找机会到学校念书，将来回国容易找到理想职业。在他们的鼓动下，宋耀如不愿再当店员，可是堂舅不同意。后来几经周折，宋终于如愿来到北卡州的三一学院进修。一年后，转学到田纳西州的范德比特大学神学院。三年后（1885），宋耀如毕业。此时，该校校长马克谛耶主教正担任上海美国南方卫理工会布道团的负责人，他要宋回国后到上海传教。1886 年 1 月，宋耀如抵达上海。

在上海头几年，宋耀如在中国人眼里，是穿洋装说洋话的外国人；在美国人眼里，是黄皮肤黑头发的矮个子中国人。所以小孩叫他“洋鬼子”，大人则叫他“小矮子”。那段日子，宋耀如人地生疏，情绪低落，生活中有着太多的不如意。在布道团里，只拿 15 元薪水，美国人瞧不起他，自然也不愿带着他传道。

正在他感到前途渺茫之时，牛尚周像救星一般出现在他前面。想不到昔日的好朋友牛尚周早已从美国回到上海，现在已是江南制造总局的帮办，并且娶川沙倪氏为妻（倪氏家族已经在上海滩具有一定的名声地位）；另一位朋友温秉忠也成为了倪家的二女婿，并且仕途得意（温秉忠先后出任北京海关总局负责人，苏州海关监督等职务和两江总督端方的幕僚，官至清廷二品大员，是受慈禧信任的教育官员。曾二次率团访问美国，后来是他将宋庆龄、宋美龄带到美国留学）。看到当年的好朋友回国后混得风生水起，再看看自己，宋耀如不免心头黯然。

重逢之后，牛尚周逐渐知道了宋耀如的现状。牛尚周比宋耀如长 4 岁，十分理解他的处境，也相信他的潜力，决定给他介绍老婆，从而改变他的处境。牛尚周与妻子商量后要把 19 岁的姨妹倪桂珍介绍给宋耀如。在女婿的极力劝说下，倪家同意了这门亲事。1887 年，宋耀如与倪桂珍成婚。

《川沙县志》在“倪桂珍”传中记载：“……婚后随宋氏去昆山布道。1889 年同回上海。次年举家迁川沙城，赁屋于内史第西侧（今城厢镇南市街、新川路交叉口），在此办福音堂。……十九年，倪桂珍生女庆龄，后又生美龄。二女幼时曾先后在其家附近诸氏私塾就读。光绪三十年，全家迁上海江湾。”从光绪十六年到光绪三十年，宋家在内史第整整居住 14 年。

通过婚姻，传教士宋耀如就此跻身上层社会，有了良好的人际关系，外加一份丰厚的陪嫁，这一切正是他在上海打拼所急需的。在以后的一段日子里，加上宋耀如的个人能力和倪桂珍的“帮夫”“助夫”，以及与孙中山、蒋介石、孔祥熙的联姻，宋家一跃成为中国 20 世纪上半叶数一数二的家庭。

因此可以说，与倪氏家族联姻是宋家向上攀登至“宋家王朝”的第一个台阶！

宋庆龄儿时和母亲

晚年的宋庆龄还会常常想念母亲，想到母亲抚养他们兄弟姐妹的不容易。宋庆龄母亲倪桂珍也确实是一位伟大的女性，先后养育了霭龄、庆龄、子文、美龄、子良、子安6个子女，并大多成为中国近代史上不可或缺的人物。1931年，倪桂珍去世，享年62岁。

两次会议说实话 两度回乡探民情

张闻天（1900—1976） 原名“应皋”（也作“荫皋”），又名洛甫，杰出的无产阶级革命家、政治家和理论家、忠诚的马克思主义者、中国共产党的重要领导人之一。

1900 年 8 月 30 日，张闻天生于川沙施湾邓三村。1917 年考入南京海河工程专门学校。1919 年参加五四运动，加入少年中国学会。翌年赴日本学习，1921 年回国任中华书局编辑，从事文学创作和翻译。作品有小说、剧本、诗歌、文学评论等数十篇。

1925 年，张闻天加入中国共产党，同年赴苏联，先后在莫斯科中山大学、红色教授学院学习与任教，并从事共产国际东方部工作。1930 年回国，次年任中共中央宣传部部长、临时中央政治局常委。1933 年进入江西瑞金中央苏区。在中共六届五中全会上，当选为中央政治局委员、中央书记处书记。在中华苏维埃二大上当选为中央政府人民委员会主席。1934 年 10 月，张闻天参加长征。

1935 年 1 月，张闻天出席遵义会议。在博古作总报告和周恩来作副报告后，张闻天挺身而出作了反对中央领导单纯防御军事路线的报告。这个报告史称“反报告”。“反报告”为遵义会议彻底否定单纯的防御军事路线定下了基调，对确立毛泽东在军事上的领导地位起了至关重要的作用。

会后，根据中央政治局常委分工，张闻天代替博古负总责。后来毛泽东在中共七大的一次会议上说，“遵义会议是一个关键，对中国革命的影响非常之大。但是大家要知道，如果没有洛甫、王稼祥两个同志从第三次‘左倾’路线分化出来，就不可能开好遵义会议。同志们把好的账放在我的名下，但绝不能忘记他们两个人。”

1936 年，张闻天主张和平解决“西安事变”，组成抗日统一战线。1938 年后任中共中央政治局常委、书记处书记并兼任党中央宣传部长、马列学院院长等职。1945 年在中共七届一中全会上当选为中央政治局委员。1951 年出任驻苏联大使。1955 年回国后任外交部第一副部长。1956 年当选为中共中央政治局候补委员。

1959 年 7 月，在庐山召开的中央政治局扩大会议上，怀着“不要我讲，我愈要讲”的忠贞磊落、书生意气，作了长达三个小时的发言。最终被错误批判，戴上了彭德怀“反党集团”副帅和右倾机会主义分子两顶帽子。此后，离开外交部，从事社会主义市场经济理论的研究。“文化大革命”中，先后被迫移居广东肇庆和江苏无锡两地。

1976 年 4 月的一天，幽禁无锡的张闻天自知将不久于人世，便要夫人刘英坐到他的床前，对她说，我不行了……别的倒没有什么，只是这十几年没能为党工作，深感遗憾。他嘱咐刘英：我死后替我把补发给我的工资和解冻的存款全部交给党，作为我的最后一次党费。

1976 年 7 月 1 日，在中国共产党诞生 55 周年的时刻，张闻天在无锡默默去世。夫人刘英献给张闻天的花圈上，只能写上“献给老张同志”。7 月 13 日，南京《新华日报》登出张闻天逝世的消息仅 59 个字：“中国科学院哲学社会科学部经济研究所特约研究员张闻天同志，因长期患心脏病，医治无效，于 1976 年 7 月 1

日在无锡病故。享年七十六岁。”

短短 59 个字，写尽了张闻天晚年生活的寂寞、无奈与凄凉！然而丝毫无损于他对党的赤诚之心。遵义、庐山两个会议覆盖了他的伟大一生，写尽了浦东人张闻天坚持真理的光辉而苦难的人生。

1978 年 12 月，中共中央召开十一届三中全会，纠正了对彭德怀、张闻天等所作的错误结论。1979 年 8 月 25 日，中共中央在北京人民大会堂召开大会，隆重追悼张闻天，为他平反昭雪。

浦东川沙是张闻天的家乡，然而自从 1925 年张闻天加入共产党献身中国革命以后，从此杳无音讯。1931 年，张闻天父母在上海报纸上登载寻找张闻天兄弟俩（张健尔与兄张闻天一起参加革命，后在苏联肃反运动中被害。）的启事。张闻天看到了，可是他不能通信，不能回家。由于经常受到当时政府的传讯和恐吓，1933年母亲金甜花在过度惊恐中去世，父亲也在1942年离开人世。

中国革命胜利、新中国成立后，张闻天也只回过家乡两次。

1958 年 4 月 12 日上午，张闻天与刘英等一行数人，从上海市区出发，驱车经过浦东川沙县城，向东直达东海之滨的白龙港。在白龙港视察了海军基地，又查看了人民塘水闸后，张闻天一行往南经过江镇，在江镇乡政府机关向乡文书了解农业合作化的情况。

张询问：“你们江镇乡现在有多少人口，多少土地，多少农业合作社，有没有工厂？”

文书回答：“江镇乡有 2 万多人口，全乡共办了 25 个农业合作社，最小的合作社也有 70 多人家，镇上毛巾厂有 400 多个工人，生产的毛巾销售到上海、浙江、江苏等地。”

张又问了农业合作社和农作物种植以及农民的口粮、生活等情况。

在乡政府滞留一个多小时后，张闻天一行沿着钦公塘向南来到阔别三十三年的家乡。汽车在村边的钦公塘上停下，张闻天朝着自己的家走去。走在这熟悉而又陌生的小路上，张闻天异常兴奋，对身边的刘英说着小时候生活学习的情景：“刘英啊，这就是我

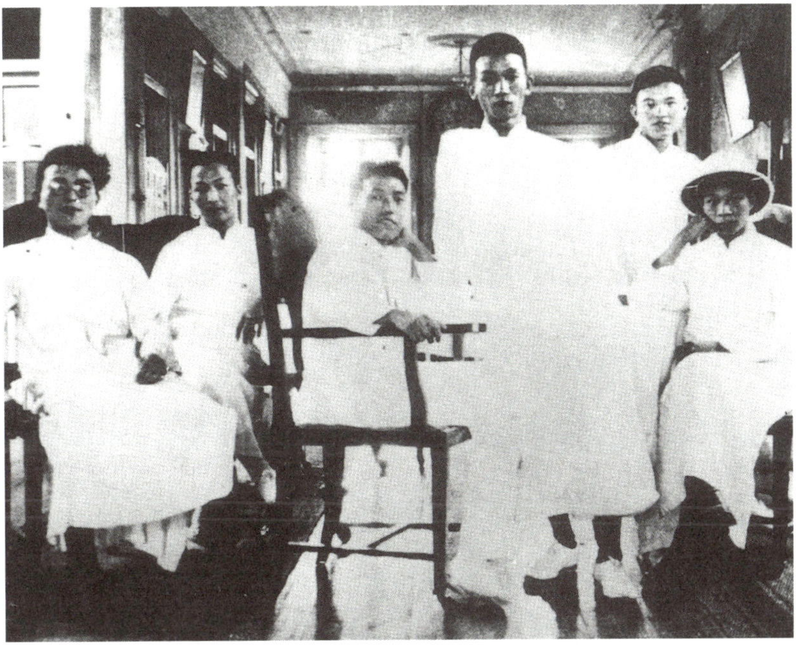

1920年5月，张闻天等人送宗白华赴德留学合影。
右起：宗白华、张闻天、郁达夫、沈泽民、汪馥泉、张健尔。

张闻天故居

张闻天 1976 年在无锡

家宅前的小路啊！”

张闻天跨进庭院，走进青少年时期读书居住的厢房，当他看到厢房祭台上放着父亲张芹梅的遗像时，不由一阵心酸。这天正巧是张闻天父亲逝世十六周年，继母章雪琳正在为父亲做“周年”。继母端出一碗高粱塌饼，招待张闻天一行。张闻天吃着塌饼，望着祭台上没有一点鱼肉荤腥，只放着几碗素菜时，不由得叹了一口气。新中国成立近十年，作为中国经济中心的上海，郊区人民仍然过着较为贫困的生活。

这次回乡是为调研而来，顺便路过家乡看看，因此事先不张扬不通知。但是还是让乡亲们知道了。张家宅的男女老幼纷纷围拢过来，他们有很多话要与张闻天说。特别是儿时的伙伴，有的惊奇，有的感叹，有的激动得说不出话来。天性随和的张闻天向乡亲们连连致意，询问家乡的生产和生活。他是多么想和乡亲们多聊一会儿，可是既定的日程安排，使他只能与家乡亲人匆匆告别。

1962 年 6 月 1 日，张闻天再次回到家乡。在川沙县政府招待所会见了县、公社、大队、生产队四级干部后，已经到了中午吃饭时分。《张闻天传》这样写道：“到中午，张闻天说‘吃饭我来’，请到会的乡亲们吃了一顿中饭。饭后，张闻天一行到三甲港外的白龙港看一下。张闻天家在那一带有几十亩荡田，儿时到这里祭过祖坟。回程驶向故乡张家宅。6 月初正是小麦黄熟，开镰收割时节。一路南风吹拂。张闻天说：麦香的味道，几十年没有闻到了。回到家里坐定，继母烧了一锅刚摘的蚕豆，清香，沙甜，也是多年尝不到的新鲜。他又到西村头周家，去看儿时的伙伴周水桃，同他亲切交谈。从周家出来，到施镇上去察看农具厂。张闻天称赞这个厂名副其实，为农服务。张闻天这天回故乡，不仅了解了不少实际情况，而且还叙了乡情，在感情上得到了很大的满足。”(当代中国出版社《张闻天传》)。从此，张闻天再也没有回来。

著名活动家 本色故乡人

江南名宅“内史第”中走出过许多伟大的人物，黄炎培(1878—1965)是其中一位。他是中国著名的教育家、实业家、政治家，是中华职业教育社、中国民主同盟会、中国民主建国会主要发起人之一。新中国成立后，担任过政务院副总理兼轻工部部长、全国人大常委会副委员长。

1878年10月1日黄炎培生出在一个既无田地又无房产的塾师家庭。9岁起到外祖父家读私塾。黄炎培13岁失母，17岁丧父，为生活所迫他做过百货店的售货员，也做过塾师，一面劳作，一面读书和习作诗文。由于诗文作得好，得到周浦镇王筱云赏识，王将女儿嫁给他为妻。

著名的江南奇宅“内史第”是沈树镛所建，沈树镛儿子沈毓庆是黄炎培的姑父。黄炎培在姑父家居住过比较长的一段时间，“内史第”中丰厚的藏书让黄炎培受用终生。1899年，黄炎培在松江府以第一名考中秀才，1901年入南洋公学选读外文科，1902年后又中江南乡试举人。1903年返乡兴办小学堂，即今天的观澜小学。

在上海南洋公学学习时，中文总教习是我国著名的教育家蔡元培。他不但教学生读书、作文，还教学生日文和练习演说。蔡元培的教育思想和教学方法给黄炎培很大影响。不久，学校发生风潮，南洋公学被当局解散了。黄炎培遵照蔡元培的教诲回川沙办学，一面办学，一面做“唤醒民众”的工作。黄炎培每周举办公开演说会，强调中国被列强瓜分的危险，鼓动民众团结起来。他还时常到别处讲演。1903 年 6 月 18 日，黄炎培等应邀到南汇县新场镇演说，由于地方痞棍诬告他们毁谤皇太后、皇上，南汇县知事于 6 月 23 日将黄炎培等 4 人逮捕。因得到上海基督教堂牧师及时营救，在 6 月 26 日两江总督和江苏巡抚联署“就地正法”的电令到达前一小时被保释出狱，黄炎培等人随即乘船离开上海，亡命日本。

1905 年秋黄炎培回国后由蔡元培介绍加入了中国同盟会。1906 年黄炎培创办浦东中学，在当时与北方的南开中学齐名，获得“北南开、南浦东”的美誉；以后他又陆续参与创办了东吴大学（今南京大学）、暨南大学等。不久有人给两江总督端方告密，说黄炎培当年曾诽谤朝廷被逮捕过，现在潜回上海鼓吹革命。总督要求江苏提学使毛庆蕃彻查。毛庆蕃看重黄炎培的才学，又有杨斯盛的担保，便下发公文，说不准“再有人根据旧案控告黄炎培革命”而了结此事。

黄炎培很早就和中国共产党领导人有交往。中国共产党成立前，陈独秀常来中华职教社和黄炎培交谈。到了 1921 年，听说中国共产党即将成立，黄炎培专程到北京拜访李大钊先生，俩人相谈甚洽，相约今后密切合作。回来之后，黄炎培编辑的《申报》特刊上发表了李大钊的长文《1871 年的巴黎康妙恩》（即巴黎公社）。

1937 年 12 月 28 日黄炎培在长沙会见徐特立，又于 1938 年 5 月 19 日在汉口会见过周恩来。徐特立是黄炎培的学生，是毛泽东的老师。1938 年，徐特立到武汉去拜访黄炎培。第一次黄炎培不在，徐特立留下字条，自称是“江苏省教育总会讲习班学生”。第二次又访，两人相见如故。

黄炎培与毛泽东的交往更早。1920 年，那一年美国哲学大师杜威博士应邀来华，5 月黄炎培邀杜威在上海举行讲座。布告一发出，吸引了不少人前来听讲。杜威推崇实用主义，而黄则主张教育要务实，因此，俩人在教育理念上有吻合之处。黄炎培在讲演中极力抨击传统教育存在的问题，他根据自己掌握的数字，每百名中学毕业生中，升学的有多少、失业的有多少，数字详实、有理有据，说明传统教育已经与社会发展不相适应了。台下听众中就有毛泽东。这场讲演给 27 岁的毛泽东留下了深刻印象。

25 年后在延安机场，毛泽东迎接来访的黄炎培，握着他的手说："我们 20 多年不见了！"黄炎培疑惑不解，毛泽东讲述了 1920 年这段往事。其实，黄炎培对这位早已闻名遐迩的中共领袖，有比较详细的了解，心中很是向往。和自己一样，毛泽东也是长在农村，家境贫寒，俩人虽都学历不高，但资历颇深，都属于经验型的政治实行家，长于操作，又不乏著述，同时好文擅诗，兼有诗人气质，黄炎培从这位未曾谋面的毛泽东身上感受到了强劲的吸引力。毛泽东说起这段往事，更拉近了双方的距离。毛泽东和黄炎培在延安窑洞会面时，黄炎培说："我生六十多年，耳闻的不说，所亲眼看到的，真所谓'其兴也勃焉'，'其亡也忽焉'，一人，一家，一团体，一地方，乃至一国，不少单位都没有能跳出这周期率的支配力。中共诸君从过去到现在，我略略了解了的，就是希望找出一条新路，来跳出这周期率的支配。"面对黄炎培的疑问，毛泽东说："我们已经找到新路，我们能跳出这周期率。这条新路，就是民主。只有让人民来监督政府，政府才不敢松懈，只有人人起来负责，才不会人亡政息。"这就是历史上著名的"窑洞对"。黄炎培所提出的周期率被称为"历史周期率"。和毛泽东进行了长达十几个小时的促膝谈话，黄炎培返回重庆后由夫人姚维钧整理和执笔，发表了《延安归来》一书，记述下了至今被人们不时提起的这次对话。

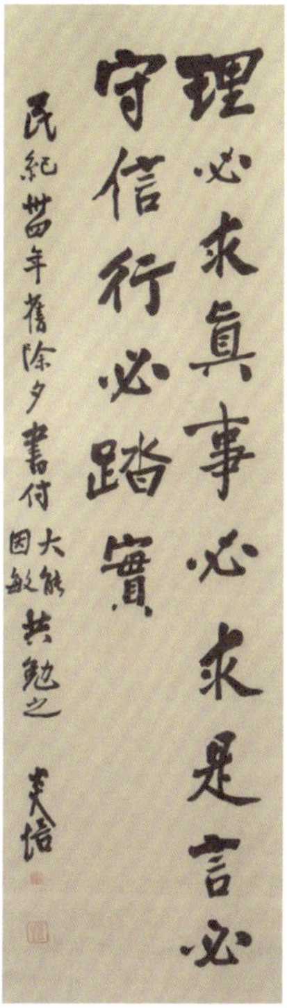

黄炎培书法

黄炎培故居

黄炎培在一届政协发言

新中国成立后，黄炎培出席新政协筹备会，当选为中华人民共和国中央人民政府委员、政协全国委员会委员；10 月 19 日被中央人民政府任命为政务院副总理兼轻工业部部长，兼政务院财政经济委员会委员；在 1954 年 9 月全国人民代表大会一届一次会议上当选为全国人民代表大会常务委员会委员、副委员长。1959 年、1964 年继续任此职。

作为中国职业教育的先驱，黄炎培的职业教育思想是在吸取西方先进国家的教育经验，反思中国自办新教育以来的问题和教训，在不断探索中逐步形成的。黄炎培于 1913 年在《教育杂志》上发表《学校教育采用实用主义之商榷》，指出学生在学校中所受到的教育，走上社会后毫无用处，他从理论上论证了改革普通教育，加强学校教育与个人生活和社会需要之间联系的必要性，形成早期实用主义教育思潮，引发人们教育现状的思考，

1916 年 9 月，黄炎培在江苏省教育会内设立了职业教育研究会。1917 年 5 月 6 日在上海成立了中国近代史上第一个研究、试验、推行职业教育的全国性团体——中华职业教育社。职教社成立后发表的《中华职业教育社宣言书》，标志着以黄炎培为代表的职业教育思想的形成。

从此，黄炎培的职业教育思想不断发展、成熟，反映民族资本主义工商业发展和改革普通教育的需要。其早期职业教育思想更多以解决个人生计问题为重，认为职业教育的要旨有三："为个人谋生之准备"，"为个人服务社会之准备"，"为世界、国家增进生产力之准备"。20 世纪 20 年代起，黄炎培把职业教育的目的概括为"使无业者有业，使有业者乐业"，即既强调个人谋生，也重视服务社会；既强调职业技能训练，也重视职业道德教育；既强调一技之长，也重视全面发展。之后又多次提出：办职业教育必须联络和沟通所有教育界和职业界，参与全社会的活动和发展，更多地探寻职业教育外部环境的适应问题。至此，黄炎培的

职业教育思想基本成熟，影响着中国的职业教育实践。黄炎培在《实施实业教学要览》中给职业教育下的定义是："凡用教育方法，使人人获得生活的供给及乐趣，一面尽其对群众之义务，此教育名曰职业教育。"

作为川沙人，黄炎培始终和川沙有着密不可分的关系。

浦东新区观澜小学是一所具有180年悠久历史的学校。在"观澜小学"的发展史上，黄炎培是一位不得不提的重要人物。

道光十四年（1834）川沙厅同知何士祁捐出廉俸一千两银子，在川沙古城东南城墙一侧建造了二进十五间学舍，名曰观澜书院。办学目的是：为地方厚民风，为国家举栋梁，为个人谋出路。1903年黄炎培、张志鹤等改观澜书院为川沙小学堂，他们亲自担任正、副校长，是川沙厅域内第一所公立小学校。黄炎培这个校长不拿薪水，完全是尽义务的，从此开始了他终生不渝的教育事业。

黄炎培为观澜小学提出"手脑并用""做学合一"的"实用教育"的思想，核心思想是为了提高人"生"的能力而教，要让学生能活用各种知识技能于实地。这个思想也是他职业教育思想的萌芽。如今，校门口的"观澜小学"校名几个大字是由黄炎培题写的。整个校园是仿唐绿色琉璃瓦屋顶的教学大楼和仿古园林式绿化，黄炎培先生铜像坐落在学校中央，与校园环境遥相呼应。学校的墙体上悬挂的校训：理必求真，事必求是，言必守信，行必踏实。是黄炎培当年提出的，黄炎培把它作为座右铭来要求自己和教导学生。

黄炎培在开办川沙小学堂的同时，发现前来求学的基本上都是男孩子，于是就在自己的家宅内史第，创设了一所以堂嫂陆开群命名的开群女学，专收四邻女生入学，学习科目与男生基本相同。这是上海市最早的女校之一。

20世纪20年代，随着川沙经济的发展，陆上交通已经明显不适应。1921年1月，黄炎培、张志鹤等发起成立上川交通股份有限公司，筹划修铁路。铁路分成几个阶段施工，到 1926 年，铁路修到川沙古城；1934 年，上川铁路向东延伸至小营房；1936 年，又从小营房向南修筑至南汇县的祝桥镇。至此，上川铁路全长达 35.35 公里，促进了浦东地方经济的发展。直至 1975 年 11 月，上川铁路在经营了五十年后被拆除。

晚年的黄炎培虽为国家领导人，仍念念不忘家乡。1963 年他专程来到家乡，川沙毛巾工业比较发达，有“毛巾之乡”之称。黄炎培视察之后，写信给当时的纺织部副部长荣毅仁，说：“上海川沙是我国毛巾生产的发源地，但到目前还是原始的手工生产方式，要改变这一落后面貌。”纺织部很快拨出了一批自动织机装备川沙各厂，使川沙的毛巾工业设备从木机、铁机时代跨越到自动织机时代，毛巾的品种、质量和产量也有了很大的提高和发展。

钻头之王 工人之秀

倪志福（1933—2013），上海市川沙洋泾人。中共第九、十、十一、十二、十三、十四、十五届中央委员，在中共第十、十一届一中全会当选为中央政治局候补委员，在中共十二届一中全会上当选为中央政治局委员；曾担任第七、八届全国人民代表大会常务委员会副委员长、中华全国总工会主席等重要职务。

以工人发明家闻名的倪志福是从学徒起步的。1950 年，17 岁的倪志福进入上海德泰模型厂当学徒，不久分配到国营六一八厂五车间当钳工。他勤于思考、勇于探索，潜心发明创造。

说起倪志福钻头发明，还有个故事。1953 年夏天，北京永定机械厂（今北京北方车辆集团有限公司）承担了抗美援朝紧急支前任务，为“苏－76”自行炮车的高锰防弹钢钻孔，这种钢硬度高、强度大，标准麻花钻头要钻半天才只打一个眼，而且还磨损许多钻头。当时还只是个二级工的倪志福用标准钻头打眼，一天竟烧坏了 1 2 支钻头，效率很低。爱动脑筋的倪志福琢磨开了“没有金刚钻，揽不了瓷器活”这句话，什么是攻克高锰钢的金刚钻呢？当时厂里正在推广苏联席洛夫钻头。盛夏的夜间又热又闷，为革新钻头急得吃不下饭、睡不好觉的倪志福，钻到热得像蒸笼的车间里，照葫芦画瓢，也磨了一把席洛夫钻头，一上机试车，新钻头刚打了一个眼就磨损了。他拿着磨损的钻头，借着灯光翻过来倒过去地仔细琢磨，发现每个用过的钻头的钻心部分外缘转角处都烧坏了。一个大胆的设想诞生了：磨损和烧坏的部分不正是钻头的薄弱环节吗？如果把钻头的薄弱点攻下来，它不就成了一把无坚不摧的“金刚钻”了吗？倪志福兴奋了，赶紧拿起一个磨损的钻头，用砂轮把磨损的部位磨成三个尖、七个刃的形状，他用这把钻头连夜干了起来，奇迹发生了，效率提高了，新钻头获得了成功。这件事轰动了全厂，倪志福一时成为人们传颂的新闻人物。这种三尖七刃麻花钻被称为“倪志福钻头”。对技术精益求精的倪志福，又根据生产实践的不同需要，使“倪钻”发展成系列钻头，可以适应对钢、铸铁、黄铜、薄板、铝合金等不同材质加工，也可以完成毛坯孔、深孔不同的加工要求。倪志福的发明，得到了永定机械厂领导、同事和北京理工大学等单位科技人员的支持，所以倪志福坚持认为，“这款钻头虽然是我在工厂干活时磨的第一支钻头”，但是在得到了各方专家和能手的支持帮助不断改进后定型，是“群众智慧的结晶”，应该把“倪志福钻头”改名为“群钻”。一个“群”字体现出了多少人的无私贡献，更体现出了倪志福谦虚质朴的品格。

1958年10月，倪志福加入中国共产党。1959年获全国先进生产者称号。1964年，获国家科委颁发“倪志福钻头”发明证书。1965年，任厂副总工程师、总工程师。

1973年初，他任国营六一八厂党委书记、北京市总工会主任。同年5月任中共北京市委书记、市革委会第一副主任。他以工人代表的身份登上政坛。

介绍倪志福发明的书籍

说起当领导，晚年的倪志福回忆说，周

总理曾经谆谆教导我怎样当领导。

“1973年，我第一次参加中央政治局会议散会以后，周总理把我留下，是在人民大会堂的东大厅。总理说，你是工人出身的我们自己的专家，你现在到了最高的政治领导岗位。

接着，总理对我讲起了党史。他说，党的六次代表大会是在苏联开的，当时吸收了一批工人出身的干部当中央委员。他给我数了数，现在一批人还在，比如陈云、谭震林，一连讲了好几个工人出身的干部。当然，有一批人牺牲了，还有一批人叛变了。一共讲了三种人，总理讲得有名有姓。

总理说，解放前你是当过童工，解放后，你又上过大学，又经过‘文化大革命’这种锻炼，我相信你们这代工人出身的干部，能够按照毛主席的路线去做。讲得很细。

总理又对我讲，你现在到了最高的政治领导岗位，自己要注意几个问题。比如说，你刚上来，还不了解最上层的政治生活，不要自作主张，签字、批准什么东西，讲话呀要小心。因为你现在身份已经变了，你不是普通的工人了，你也不是北京市一个书记了，你现在是中央政治局的一个候补委员，因此你的讲话今后要注意呀，一切讲话以前不算数现在都要算数呀。

总理说，现在北京市委书记这个同志比较老练，稳当，比较谨慎，有领导经验，你有什么事不清楚的请教他。你先跟他学习一段，协助把北京工作搞好，中央的事以后再考虑。

周总理就是这样跟我谈了一番话。这个我印象很深。”

1976年10月起倪志福兼任中共上海市委第二书记、市革委会副主任。他和市委其他领导一起，坚决贯彻中央部署，争分夺秒工作，及时粉碎“四人帮”在上海的亲信、骨干妄图发动武装叛乱的阴谋，团结带领广大军民开展深入的“揭、批、查”斗争，有效摧毁了“四人帮”在上海的帮派体系，把上海各条战线工作纳入社会主义现代化建设的正常轨道！

1978 年 11 月起，倪志福先后担任中华全国总工会第九届、第十届主席、书记处第一书记、党组书记，中华全国总工会干部学校校长，国务院机械委员会副主任、党组副书记，中共天津市委书记、天津市警备区第一政委。

1985 年，他作为牵头人之一发起成立了中国发明协会。

1986 年获联合国世界知识产权组织颁发的金质奖章和证书；他著有《倪志福钻头》《群钻的实践与认识》《群钻》等著作。作为发明创造活动的积极实践者，他对发明创造事业始终怀有特殊的感情，为推动我国群众性发明创造事业，提高工人技术水平，倾注了大量心血。

倪志福参与了党和国家一系列重大决策，积极参与探索和推动中国特色社会主义伟大事业和党的工运事业，为改革开放和社会主义现代化建设作出了重要贡献。

倪志福在担任全国总工会主席的 15 年中，他团结带领全国总工会领导班子解放思想、实事求是、勇于实践、大胆探索，把工会工作纳入全党工作大局，坚决贯彻执行党的基本路线和党中央指示精神，积极有效地推动工会在改革开放和现代化建设中发挥日益重要的作用，并积极推进工会改革和建设，为新时期工会工作的开展创新了思路和格局。1984 年，他立足改革全局，把发展社会生产力和维护职工利益结合起来，增强基层活力，实现工会的群众化、民主化，团结广大职工为建设中国特色社会主义而奋斗；明确提出工会“维护、建设、参与、教育”四项社会职能，强调工会要努力为职工说话办事，开展建设“职工之家”活动。为了实现工会改革目标，他着重推动理顺两个关系：一是理顺工会的外部关系，主要工会与党、工会与政府的关系，使工会在党的领导下能够依法独立自主地开展工作；二是密切工会与职工群众的联系，以增强基层工会活力为中心环节，改进工会的组织制度和活动方式，防止和克服工会的行政化倾向，实现工会的群众化、民主化。

有一件事情，很能体现作为全国总工会主席的倪志福为人民服务，维护职工利益的精神。有个职工叫奚弘，1964 年从上海来到新疆生产建设兵团，1986 年调入喀什市建设管理局任工会干事。她向局、市工会反映当地建筑行业的不正之风，同时奚弘还向上级反映过喀什市委负责人官僚主义、不正之风等情况。结果受到打击报复，当地建管局发文决定“将奚弘清除出干部队伍”，奚弘的信件被单位扣押、私拆，工资连降三级。奚弘受到单位的处理后，进京告状，先后来到北京中级人民法院和北京高级人民法院，都没有立案。事情一拖就是两年。无奈之下，有一天奚弘闯进全国总工会，惊扰了正在主持会议的倪志福。他叫秘书把奚弘带到休息室，详细询问了原因，之后出现了共和国上访史上的奇迹，奚弘意外地获得了支持。全总法律工作部写了《情况报告》，倪志福在报告上作了批示后转到最高人民法院院长任建新，任建新敦促北京的有关法院抓紧办理此案。很快一切都柳暗花明了。

1989 年，倪志福回家乡视察北蔡绣衣厂

倪志福退出领导岗位后，仍然关注我国改革开放事业的发展，关注国际国内变化，关心人民群众的生活，特别是十分关注工运事业的发展，表现出一名共产党员生命不息、奋斗不止的崇高精神。

1995 年 5 月，倪志福任北京理工大学董事会名誉董事长；同年 6 月任中国职工技协名誉会长；同年 11 月起任中华慈善总会名誉会长；1999 年 9 月，任中国发明协会会长。他还领导成立了北京市技术交流站。

2013 年 4 月 24 日，倪志福在北京逝世，享年 80 岁。

古城之父
功在千秋

乔镗，号春山，今川沙六团人，是川沙筑城抗倭的民族英雄，被后人称为“川沙古城之父”。据川沙《乔氏族谱》记载，从元朝末年祖先乔杞在松江府任知府起，乔家就扎根落户于沪。其子乔彦衡，在明洪武初移居南汇八灶，也就是今天川沙六团地区，是浦东乔氏发轫之始祖。此后，乔氏或扩至川沙境内，或迁居上海县城，或移居松江，成为“遥遥华胄，族大支繁”，为明朝川沙望族之一。

乔镗是乔杞的第七世孙，为上海县有名的“三太学”（太学为中国古代设于京城的最高学府，或称国子监，学生称为太学生）之一。他为人慷慨、志略高远，曾说：“大丈夫当殉知遇，赴缓急，功在社稷，利及桑梓，乃不虚生天壤间，负此七尺躯。”

明朝中期由于天下久安，故边防薄弱、战备松弛。嘉靖三十二年（1553），倭寇多次进犯江浙沿海，百姓备受烧杀掳掠之苦。朝廷征集各地兵马，聚于沿海剿倭，因不明地利、不善水战，因此常遭败绩，一时束手无策。川沙又是洋山、马迹要害地方，洪洼深阔，贼船扬帆从海上来，可以直达护塘由此登陆，于是成了倭寇出没潜藏之所。

乔镗看到这种状况，深为忧虑。当时在川沙老护塘外侧，因取土而留有一条壕沟，到嘉靖年间，壕沟已十分浅窄，倭寇容易逾越，大明官兵却难以防守。乔镗献策先堵塞川沙洼口，使贼船不能直达护塘，后疏浚外壕，以改善海防。官府同意了他的提议。乔镗立即组织民夫分段施工，自己也亲临工地，与大家同甘共苦。不久，南起南汇大团、北至川沙黄家湾九十里长的外壕沟，疏浚完成。壕沟挖成后大大延缓了倭寇上岸速度，使得塘内军民得以防备，倭寇掳掠十次九空，故被百姓称赞为御寇河。

为抗击倭寇，乔镗还自己出资募集乡勇，组建团练。由于百姓深受倭寇荼毒，抗倭热情高涨，乔镗很快就募集了上千人。分类编队后，昼夜进行军事训练。这是一支按亲属和邻里关系编组的队伍，相互生死与共、荣辱相关，遇到敌情就同仇敌忾。每次出战“无不以一挡百”，斩杀倭寇无数。嘉靖三十四年（1555），乔镗听说川沙倭寇将攻打南汇，于是带领民团半路设伏拦截，打得倭贼四散逃窜。柘林倭寇七百余人赶来增援，被乔镗诱至川沙堡南侧的潘家桥包围歼灭。为此，官府多次给乔镗记功，并报朝廷授予他五品官衔（这是朝廷褒奖的虚职）。

嘉靖三十六年（1557），乔镗上奏，请求兴筑川沙城，朝廷准许，并发文由乔镗督办。筑城是一项大工程，需要落实分配人工、计算摊派经费、采集准备材料，事务繁杂又易得罪人。乔镗不避嫌怨、秉公办事，自己又带头捐献黄金若干。由此，川沙城堡九月开始建筑，只花了三个月时间，十一月便竣工。城周长共四里，高二丈八尺，底阔三丈多。从此以后，倭寇只能望城兴叹，再也没有攻破过川沙城。

然而，乔镗在筑城过程中，也确实冒犯了一些人，特别是地方官吏和富庶人家，他们都因逃不脱所派工役和应负款项，又要限时完成而怨声一片。光绪《川沙抚民厅志·人物志》记载：“由是谤议日起，造蜚语陷镗。镗忿恨以殁。”说乔镗筑城时，有人捏造流言蜚语诬陷乔镗，以至乔镗忿恨而死。

乔镗为什么事气死的?《仰德祠碑记》也有披露：乔镗筑城时，“诸当受版筑者，或与公故等夷，意不能相下，稍稍目摄之”。有学者分析：“从这段文字中，可见乔镗的版筑范围有移位之嫌。乔镗筑城没有把八团镇全部圈入川沙城堡，选择在八团镇西侧建城，因而遭到诸多原来应在版筑范围的士绅们的反对”。乔镗就是被“诸当受版筑者”气死的。

而在《陈继儒合祠记》中说得更加明白：“公(指乔镗)严督乡赋，长不少贷，怨家构飞语中之。公积劳且愤，竟病三日卒，城亦报竣。”说他秉公执法，严督乡赋，即使长辈违反也不宽恕，遭至怨家诽谤中伤。乔镗积劳成疾，加上愤怒，病了三日，竟然去世。与此同时川沙筑城竣工。

坊间还流传，乔镗与巡行御史见面时，态度不是十分谦恭，有人趁此恶意中伤乔镗。御史大怒，将乔镗当庭杖打。乔镗有功受冤，愤恨而亡。

乔镗领筑的川沙古城墙

不管何种说法，乔镗筑城有功，结果含冤而死，这是一致肯定的。

乔镗儿子乔木，少年时曾助父抗倭，屡出奇计，克敌制胜。乔镗冤死后，乔木为替父伸冤，发奋读书，后进士及第，曾历任安吉知州、福建参议等职。乔木及时为父申冤。在封建社会，“父凭子贵”不足为奇。朝廷追封其父乔镗为奉政大夫、福建参政，其母为太宜人。至此，乔镗几十年的冤屈方昭雪天下。

《仰德祠碑记》载，川沙筑城后，“至今垂四十年，民咸归公德。……邑大夫名曰仰德，从民志也”。说四十年后，当地百姓追思乔镗的功德，修建了祭祀他的“仰德祠”，以表达川沙民众对乔镗的敬仰之情。

《陈继儒合祠记》载：“倭飞帆东来，睨塘，则壕深不得登；睨城，则城坚不得掠。里人转思其德……”说倭寇乘船东来，看到老护塘外壕沟很深，无法逾越；看到城墙坚固，无法进攻。倭寇只得作罢，百姓免受苦难，这时川沙百姓转而思念乔镗的功德。

纪念乔镗、乔木父子抗倭功绩的石牌坊

《陈继儒合

祠记》又载：仰德祠建成时，乔木看到父亲沉冤得到昭雪，感慨万千，“感哭，遂病，阅五月而殁。父老叹息泣曰：‘父死忠，子死孝，请合堂侑享。’”就是说，乔木因百感交集、生病五个月也去世了。父老乡亲提议，将这对“父忠子孝”的父子俩一起祭祀在仰德祠（故称《合祠记》）。

仰德祠在川沙县城西门内城隍庙东。道光年间，川沙同知何士祁曾经重加修缮。原祠至今尚存，2015年又经修复。《仰德祠碑记》石碑，收藏于川沙档案馆。碑名全称“乔大夫春山先生仰德祠碑记”（“乔大夫”是乔镗死后追封为奉政大夫，“春山”是乔镗的字）。碑文最后有“万历二十四年（1596）……吏部郎中颜世陈所蕴撰”等字样，与前述的川沙筑城“至今垂四十年”所吻合。虽然四十年后的《仰德祠碑记》，为乔镗歌功颂德有“拔高”之嫌，但乔镗是抗倭英雄、筑城功臣的基本事实，应该肯定并加以大力颂扬。

当时浦东力主抗倭的有三位太学生，除乔镗外，还有一团盛际春，二团潘元孝。秦荣光有《竹枝词》赞曰：“海滨三太学齐名，能胜倭寇善用兵。独有春山（乔镗）才杰出，筑塘设堡利民生。”

为表彰乔家建城抗倭的功绩，由朝廷两次追赐乔镗金绮冠带，诰授奉政大夫，下诏在川沙城内建立“钦奖武功”石牌楼。后来，乔木之子乔拱宿，官至两浙盐运使；乔木另一子乔拱璧，万历三十五年(1607)进士，仕至南京兵部郎中。此时为乔氏鼎盛时期，其赫赫声名，威震海隅。朝廷为褒奖和颂扬他们的功绩，又在川沙城内专门立有一座“父子进士”坊，时乔氏家族被誉为“乔半城”。至今川沙还有“乔家港路”“乔家弄”“牌楼桥”等地名，川沙城南六团地区仍有乔氏坟、乔家厅等历史遗迹。

清正廉明
刚正不阿

艾可久（1525—1593），明万历时官至南京通政使，为川沙孙桥人。《川沙艾氏族谱》记载，艾氏祖上原为山东曲阜孔子后代，秦始皇焚书坑儒时，孔子后人为躲避追杀，伏于蒿艾之中幸免于难，遂改姓为艾，并举家逃亡江西。

上海艾氏的始迁祖为明朝初年的艾舟里，是他首先举家迁到松江。艾家初到上海时默默无闻。四世祖艾洪始迁于上海县长人乡十七保艾巷桥今张江中心村，实为川沙艾氏始迁祖。艾洪官至湖广都司断事（明代军事官职，正六品）。艾洪之子艾元美，官至南京太医院吏目（明代太医院医官名），死后墓葬孙桥艾巷桥。追溯艾家历史，真正使艾家声名鹊起的是艾可久。

艾可久，艾元美的儿子，明嘉靖四年（1525）出生。艾家为书香门第，家有藏书千卷。艾可久自幼聪明好学，十七八岁时已博览群书，学识非凡。嘉靖年间，倭寇频繁骚扰江浙沿海，各地纷纷筑城抵御倭寇侵犯。嘉靖三十六年，川沙也在乔镗等人倡议下修筑城墙。艾元美被征调参加筑城劳役，其子艾可久因是秀才而幸免。艾可久考虑到父亲是一介书生，年迈体弱，难以从事繁重的体力劳动，就前往川沙面见海防主官，要求代父筑城。海防主官说：你的孝心我知道，看你是秀才，我想考考你的学问如何。我出十道题，包括天文地理、经史子集，你如能全部答对，我就免去你父劳役，你也不用替父筑城了。说毕出题。艾可久从容执笔答题，当场一挥而就。海防主官和在座幕僚见其才思敏捷、出手成章，都大为惊讶，纷纷称赞他有曹植七步成诗之才。于是海防主官当即免除了筑城之役。

嘉靖三十七年，艾可久考中举人。嘉靖四十一年，他又考取进士，随即被授予太常寺博士一职（掌管祭祀之官员，正七品）。三年后朝廷派他出任南京浙江道监察御史，出京巡查稽考所属府

位于孙桥中心村养正宅 61 号的艾氏民宅

县官吏政绩和审案情况。当时南京部分官僚倚仗权势，骄横跋扈，违法乱纪，欺压百姓，广大民众深受其害，叫苦不迭。艾可久明察暗访，掌握了这些人的证据，接连上书弹劾，官员纷纷落马。使得其他官员“为之色变，稍加收敛”。他发现长江沿线防守薄弱，秉书直言，向朝廷条陈巩固江防事宜，被南京督抚与朝廷采纳。

万历元年（1573），艾可久出任衡州知府，管辖衡阳、耒阳、常宁、清泉、安仁等七县。正逢灾害频发，农业歉收，财政紧张，有下属官员建议增加商税用以弥补财政。艾可久坚决不同意，并且主张缓征赋税：“百姓生活遭此灾害已经十分穷困，如再增税强征，势必家破人亡，我不能做此对不起百姓的事。”某督抚有一私仇，督抚要艾可久帮他罗织罪名除掉此人。艾可久调查此人并无违法行为，故顶着不办。督抚又几次传话威胁，催他尽早“完事”，艾可久仍不为所动。私下说：“冤杀无辜以讨好上司，我定不干！”督抚虽然怀恨在心，但也无可奈何。后来督抚借机打击报复，结果事情败露，艾可久以良好的官德官声，获得朝野好评。艾可久在衡州知府任上前后四年，“清理疑案，平反冤狱，政通人和，深得民心”。

万历五年，山东清原投机商人云集，扰乱市场，富家子弟，炫耀钱财，侈靡之风一天比一天厉害。艾可久受命担任山东按察副使。他刚一到任，就正本清源，对违法乱纪者参本弹劾，对扰乱市场者严惩不贷，对侈靡之徒大加斥责，使得当地民风很快好转，治安面貌为之一新。

万历八年，艾可久调任江西布政使司左参政，负责提督所属各州府县卫所钱粮。到任后，他仔细核查各州府县账册，对挪用盗卖、拖欠延误、弄虚作假、中饱私囊的贪官污吏绳之以法，同时清除田税积弊，赈济灾民，于是美名远播。万历十一年，他由陕西督理粮储改任陕西布政使左参政。万历十四年转任陕西按察使，两年后又担任陕西布政使（相当省长）。此时，艾可久虽已花甲之年，

艾可久第18代子孙艾民言2010年创作《艾可久墓印象》

但仍不畏辛劳，东涉贺兰，西巡陇中，对作奸犯科者一律依法惩治，绝不徇情枉法，养痈遗患。“秦藩宗人”（藩王的同宗人。明朝朱元璋分封诸子亲族为藩王，陕西的藩王为“秦藩”）倚仗皇室，作威作福，巧取豪夺，百姓怨声载道。但闻艾可久清正廉明、刚正不阿之名，淫威有所收敛，不敢为所欲为。

万历十七年，艾可久转任山西布政使后，正巧碰到鞑靼南犯，陕中一带告急文书如雪片一样飞报，朝廷也为之震动。艾可久审时度势，运筹帷幄，备足军饷粮草供应军营，使整个山西严阵以待，鞑靼由此闻风而退。万历十九年，艾可久因功官阶升从二品，并追赠其祖、父与艾可久相同官衔。万历二十年，艾可久调任南京太常寺卿，同年转南京通政使（掌内外章奏和臣民密封申诉之件的中央机构长官）。

由于艾可久长期操劳过度，终于一病不起。他自知来日不多，不想客死他乡，就奏请告老还乡养病。艾可久说“生当为国尽忠，死当为父守孝”。皇帝看他是个人才，仍要艾可久带病视事，但他终因病势日益沉重，不得已东归故里，翌年去世，终年69岁。艾可久逝世后，万历皇帝十分痛惜，念其为官30年，历嘉靖、隆庆、万历三朝，刚正清廉、功勋卓著，下旨褒奖，朝廷拨款赐葬，建墓立碑，并将他的灵位供放在松江府名臣乡贤祠，逢年过节接受爱戴他的老百姓祭祀。

艾可久墓位于孙桥故里，规模宏大，占地 20 亩。墓前有万历皇帝钦赐建造的功德牌坊，曰“通政坊”。由翰林院撰碑文，吏部按典礼级别定出祭扫程序，墓地由工部（相当于国家建设部）建造，“户部”（相当于国家财政部）出资。故所有墓地建筑都是精雕细琢、美轮美奂，历时数年才完工。坊前蹲大石狮一对，威武雄壮；墓道两旁有石人石马和石牛石羊，象征生前威仪；东西有两座石碑亭，亭内各树一块高 1.94 米、宽 1.05 米的巨型方柱形石碑，重达十多吨。碑身四面雕刻有艾可久历任敕命和万历皇帝谕祭文；墓前石碑林立，仅万历皇帝所赐的御碑就有 7 块之多。

20 世纪 50 年代，此墓还是上海地区规格最高、保存最完整的明代墓葬之一。1958 年秋因修建渠道，石牌坊等建筑被拆。后这里建种畜场，墓被开挖，棺中艾可久虽身着蟒袍玉带，但仅有戒指、印章、扇子等少量物品。陪葬品如此之少，说明其清正廉洁、两袖清风；墓葬规模如此之大，说明其功勋卓著、朝廷认可。后经“文革”冲击，地面建筑荡然无存。1997 年，浦东新区档案馆负责人发现并征集了以上大石碑。有缘的是，16 年之后，2013 年浦东文史学会周敏法又发现了重达数吨与碑配套的“石乌龟”（详见照片），还有牌坊前的那对大石狮。以上文物现存川沙档案馆，如逝者地下有知，亦可聊以自慰。

“徐家汇”因明代礼部尚书徐光启而得名。离徐家汇不远有一条“艾家弄”，因艾可久曾在此居住而得名。后来艾可久之孙艾庭槐迎娶了徐光启的长孙女，据当时天主教的规定，只有信徒之间可以通婚，于是上海艾氏也成为继徐光启家族之后，最早举族入天主教的家族。

川沙艾家后代人才辈出。十世艾承禧为清光绪恩科举人，创办

万历年间驼艾可久墓碑的石乌龟

了当地第一所小学养正小学校，为地方著名教育家，著有《怀旧录》《鸿雪记略》《杂咏日记》等。十四世艾鑫为当地有名主持（乡绅），其子艾曾仙（十五世）于光绪年间中举。第十七世孙艾中信为中央美术学院副院长、著名油画家。艾氏子孙散居浦东及上海各地，但墓葬却大都在原川沙县境内。

父子进士 文武为宪

乔木、乔拱璧是川沙抗倭筑城英雄乔镗的儿子与孙子。原来川沙城乔家港上有座“牌楼桥”，南接南市街，北连乔家弄，因桥北有乔氏石牌坊而得名。这座建于明万历年间的牌坊，名叫“父子进士”坊，两面分别雕刻有“父子进士”“文武为宪”（文章和武艺都值得效法）四个大字，是朝廷为褒奖乔木、乔拱璧父子一门两进士而建。

乔木少年英俊，才华凸显，14岁补博士弟子。嘉靖年间，倭寇入侵，乔木助父抗倭，屡出奇计，建有功勋。倭寇曾虚张声势佯攻川沙城东门，乔木发觉其中有诈，推测是声东击西，于是偷偷领兵埋伏于西门。当夜倭寇果然悄悄摸来偷袭西门，准备打我方军民个措手不及。他们刚到城下，不料乔木一声号令，炮声轰鸣，乱箭齐发，倭寇大惊失色，一下乱了阵营，纷纷抱头鼠窜，人员装备损失惨重。

乔镗含冤而死后，乔木无力替父申冤，便发奋闭门读书，哭泣声与读书声，并闻于门庭之外。嘉靖四十年（1561），督学使者考察学子，乔木应试为第三名。嘉靖四十四年，乔木进京参加进士考试，榜上无名落第而归。回乡之后，乔木读书更加发奋，大有破釜沉舟之志。功夫不负有心人，隆庆二年（1568），乔木一举考中进士，被授予湖州安吉知州。

安吉州是分归安、长兴二邑以建，当地边界模糊不清，土豪劣绅多诈，社会管理混乱，而又地处天目山脉，时常大雨多灾，因此难以管理。乔木到任后，首先丈量田亩，区别高下、划分等级，使地方豪强不能逃避税赋。大水冲坏城池，损坏庄稼，百姓苦于饥寒，乔木奏请朝廷，开仓放粮赈济灾民。不久又发大水，乔木捐出自己的俸禄，购买粮食赈济百姓，后又筑木堤于四门，使城池免于冲击。上司十分赞赏乔木的做法，令其勘察邻近州府，按照安吉州方法实施。

当时，安吉州有巨奸温希杀人、劣绅范文诬陷两案，数年没有定罪。而经乔木一次审理，两人一并服罪受罚。小民孙一、陈三，被仇家诬告入狱近二十年，几次险些丧命。乔木重审后，将两人

万历年所建祭祀乔镗、乔木父子的仰德祠

无罪释放，诬告者锒铛入狱，两人千恩万谢，安吉州百姓万口称颂。因此，两台每当遇到疑难案件，都交予乔木审理，其中十有八九都能得到甄别和妥善处理。

有一次，安吉州进贡板栗给皇帝，而负责官员误将较差的板栗，封入贡箱送至京城。隆庆皇帝一看大怒，下旨诘问，移罪于州，将罚俸两月。乔木说："小臣由朝廷授任，受罚应当。但是安吉州土地贫瘠，百姓生活困苦，陛下圣明，奈何因口实累民耶？"皇帝被其言辞所动，从此取消了贡栗之役。其他若贩盐的输金，徭役的末项，商人的杂费，一概予以罢免。百姓得到了实惠，而乔木身为父母官，日常生活依然十分节俭，仅在俸禄之内开销，从不取百姓一财一物。安吉百姓为乔木廉洁奉公、为民请命所感动，请奏朝廷，为乔木建生祠，祀其为名宦。其词曰："运米运蔬，犹然家食；一钱一俸，悉备工需。"短短数语概括出乔木的清廉。

隆庆五年，乔木升为潞安府同知，不久行署汾州。汾州多皇亲国戚，将军、中尉而下多达千人，每年仅俸禄就有数万金，账目混乱，管理者浑水摸鱼，从中肥私。乔木上任后，对所发俸禄亲自审核把关，无损锱铢、不多毫厘，因此朝廷与官绅都很满意。明朝州贡织造有织户、解户。织户苦于织布不达标，解户苦于运送不及时，往往因此家破人亡。乔木根据实际情况，上奏朝廷请求宽免。当时，府库有机动银两，旧例都拨给官吏以供交际，乔木则拿出半年的机动积蓄，用来赡养贫困的学子。这一年，官员政绩考核，乔木被列为优等，朝廷赠其父乔镗为奉政大夫，其母为太宜人。至此，乔镗受冤致死，方得昭雪。

乔木听闻母亲病重，准备告假归乡，恰巧朝廷命其为河南佥事。乔木只得赴任，在路过邯郸时，母亲亡故的消息传来，乔木因不能亲自见母亲最后一面，每天痛悔自责，惨淡愁容哀声不绝。在回乡的路上借宿驿馆，每到半夜他都在睡梦中哭醒，随行仆从与其一同落泪。三年守孝，每天都斋戒祈祷，川沙百姓皆言：真大孝子也！

守孝期满之后，乔木以原来官阶，被补为备兵井陉道。井陉对内捍卫京师，对外统辖三晋，襟带千里沃土，守卫雁门重镇，是保家卫国紧要之地。乔木到任之后，校阅军士，训练技击，鼓励将帅，核实兵饷，作战能力为诸道之冠。皇帝闻奏之后，大为高兴，赐乔木白银冠带。当时，茨沟兵卒多是乌合之众。盗贼、流民，经常出入茨沟地界，百姓遭到劫掠。乔木在当地百姓中，选出八百精锐，充入军队之中，渐渐淘汰老弱病残，使茨沟营兵逐渐精强，盗贼渐尽，百姓得享太平。

有一年，天气大旱，百姓断粮日久，以草根树皮为食。乔木十分忧心，向朝廷请求赈济。此时见百姓忍饥挨饿、度日如年，他不等朝廷命令下达，便先行开仓放粮，救活百姓数以万计。百姓对其感恩戴德，赞其曰："盖公之政，爱民如子，不扰不苛，为地方造福如此。"万历十年（1582），张居正病故后，大太监冯保被抄家问罪，株连到乔木管辖范围内民众数十家。乔木经过调查，认为与冯保并无瓜葛，为他们上奏申冤，保全了他们的身家性命。

不久，乔木升为福建参军，守卫建南道。上杭县，烽烟数起、盗贼不断，朝廷令乔木前往剿除。乔木软硬兼施、剿抚并用，不久就将战火平息，救黎民于水火之中。在福建，乔木一方面轻徭薄赋，减轻百姓负担；一方面又严格管理官吏，躬行节俭，减少财政开支。乔木一年的花费，不及其他官吏一个月的供养。因此当地官吏渐为清廉，而百姓生活好转。当时民间有《清官颂》，专为褒奖乔

仰德祠前明万历年种植的古银杏树

木而作，县丞赵可怀还将乔木的为人、政绩，报告给朝廷。不久，乔木调任为云南佥都御使，整饬临安道兵备。

自从乔木做官以来，辗转南北，奔走万里，以致积劳成疾，痰入肺腑，经常咯血，不堪长途跋涉。于是乔木上疏请辞，回到故乡川沙城。乔木回到川沙后，闭门悬车，不再与官方相往来，只是聘请老师，教育族中子弟，并严戒僮仆狐假虎威，与乡人争长论短。与人谈论平生功业时，好似籍籍无名之辈，可见其心胸宽广、淡泊名利。无论亲朋故旧，危难时都曾受到乔木的帮助。乔木默默行德于乡，川沙百姓有口皆碑。

万历十六年，海水倒灌松江府，饥民上百成千为群，打劫村落、抢食于乡，几乎酿成大变。当时，乔木居住在川沙城内，与花总兵谋划，以兵士护送百姓进入川沙城堡内，当地乡民声口相传，一同迁居城内者络绎不绝。父老感叹道：当年乔镗挖壕沟、筑城墙、抗倭寇，救我滨海百姓；今乔木又救我等，乔家世世明德，怎么能够轻易忘却呢？于是，乡人商议为乔镗建祠堂以祭祀。

万历十九年，乔木之子乔拱璧，又登进士榜，乔家一时声名显赫，在川沙有“乔半城”之誉。乔木晚年喜欢游历风景，曾经买船游姑苏、杭州等名胜，由诸子相随，羽扇纶巾，逍遥物外，大有古名士的风范。每次游历归来，乔木作诗记之，以陶冶性灵、抒发情怀，著有《元州诗稿》二卷，《家乘》二卷，记述生平家事。

万历二十三年，纪念其父乔镗的《仰德祠》建成时，乔木已经重病在身。开祠当天正是乔镗祭日，乔木犹自强起。悼念过程中，忽念及先父因怨恨而终，不由触景生情、悲痛过度，回到家中，不久殒命。《松江府志》赞曰：“溯公生平，意在力行其孝，于奉政公（乔镗）有羹墙之思。方以抱主入祠为喜，而竟成悲端，遂殒其命。公之死，盖死于孝者也！奉政公可谓有子哉！”

乔木为人敦厚，身后川沙父老感念不已，至今流传着他的一些轶闻故事。有一天，一艘海船漂来二十余人，饥饿不堪，向乔木等人磕头求救。巡逻士卒大喊：“他们是倭寇。”于是，众人横眉竖目、刀枪相向。乔木急忙劝解道：“海外有许多我朝的藩属国，其中有安南、朝鲜、琉球，奉我朝为正朔已久，不是倭寇而擅自杀戮，恐怕要承担罪责。”众人乃不再动武，检查了他们的通关文牒，果然是朝鲜国人，上我朝廷进贡，被大风吹至此地。于是，乔木向朝廷上奏，遣使者护送他们归国。朝鲜王具表感谢，其中特别提到乔木。以此可见乔木为人，非但行德于乡里，且善于海外。

乔木曾在多地任职，清正廉明，功勋卓著，受到朝廷多次赐诏嘉奖。乔木亡故后，在安吉被供奉在“名宦祠”。在川沙以乡贤配祀“仰德祠”，永远陪伴父亲。

乔木有三子拱宸、拱宿、拱璧。长子拱宸，十四岁随父去安吉，从事记录囚犯供辞的文书，写出为他人平反的理由，使父感到惊奇。稍长为郡诸生，连续应试而不第。父亡后，应诏试，授中书舍人，一时名重京华，先后奉派外放，所到之处见官宦贪赃枉法泛滥，而不愿当官。退居川沙，探究经世之学而终生。乔木次子拱宿，以副车任光禄寺署正，后擢升两浙盐运副使、署运使，以廉勤著称，著有《平盐策》，修《盐志》，出版为定式。

乔拱璧是乔木小儿子。万历三十五年进士及第，授海盐县令。任内发现农田和户口数量隐匿淆杂，民情不稳。拱璧严加核实，规范户亩，确保一方太平。官库多有储备，但库管人员平时多吃多占、假公济私，弊病百出。领取时，拱璧严格把关，人证相符验证后才发给，从此弄虚作假之事绝迹。逢大灾之年，乔拱璧竭尽全力疏排水利，以工代赈。上级到浙西考察灾情，独拱璧管辖之境内治理有法，不受水患，考绩列诸县第一。

續修海塘錄卷之一　海鹽縣知縣喬拱璧修
公移
通申估築海塘緣由
嘉興府海鹽縣[illegible]海塘衝突可虞亟請估築以防
秋潮巨測事本縣[illegible]海塘之設實爲三吳門户每遇
秋潮洶激小有[illegible]海鹽補葺頻年猶幸可支不
意今月十六日[illegible]夜颶風陡作霪雨如傾以致潮
勢奔騰風濤[illegible]一帶土塘自天字號起木字[illegible]
止傾圮十之六七稍坍者僅存二三其外石塘進

海盐县县令乔拱璧《续修海塘录》

乔拱璧撰有《续修海塘录》乔拱璧剔弊兴利的政绩，载入《海盐志》。任满后升工部主事、兵部武选司员外郎。因遭人妒忌而降职为顺天府教授。不久，又升任南京兵部郎中管船政，取消不必要的杂乱开销，节省了数以万计的费用，并把有关支出规矩镌刻出来，作为命令执行。出任湖广佥事，因黔兵告警，地方为之震动，乔拱璧事先绸缪一切，保甲利兵，储粮设固，无不考虑周善。因拱璧尽心尽力而为，劳累过度而得病。转而就任山西参政，后带病返乡。不久，病故于川沙故里。

“父子进士”坊，是表彰乔木父子的丰碑。清康熙五年（1666）六月十四日，川沙城遭遇狂风暴雨，河水顿涨四尺，乔家石牌楼倒塌。1931年，邑人陆仲超发起在原处兴建一座三层钟楼，请范家振重刻“文武为宪”的匾额挂在钟楼上。抗战时期，日寇侵占川沙，因匾额跋语中有叙述乔氏父子抗倭事迹，“文武为宪”匾额被日军掠去。如今川沙只有“牌楼桥”地名尚存，期望有朝一日，能重建“父子进士”坊。

勤政廉明 急公好义

何士祁，浙江山阴（绍兴）人，清道光二年（1822）进士。他一生中四进四出担任川沙父母官，前后历时近 30 年，在川沙任上 8 年，为川沙地区的发展作出了很大贡献。

嘉庆十五年（1810），分上海县和南汇县部分设立川沙抚民厅。道光十二年（1832），原江苏元和县令何士祁升任川沙同知。因川沙建置不久，境内经济实力有限。到任川沙第二年，淫雨不止，棉花歉收，稻谷不登。何士祁带头捐献薪金，赈恤灾民，并请求上级缓减漕粮，使川沙人民得以休养生息。在何士祁第三次回任这一年，川沙又逢特大灾害。六月二十一日，暴风大雨，海潮猛涨，至二十三日，风雨仍不止，还飘起些许雪花。入秋，风雨甚多，棉花到九月始开。九月十六日，天气骤冷，见冰，当年饥荒。次年又连续遭灾，自四月二十九日起，连续下五十天大雨。棉田尽淹，米价飞涨，较平时增五六倍。六七月间，地震频发。秋冬又发生大瘟疫。面对一次次自然灾害，何士祁领导川沙人民抗灾自救。他自捐廉俸，购买杂粮，并劝店商富绅捐赈，设局平粜，城乡设粥厂，免费供应灾民，拯救无数平民百姓。

当时上海县有敬业书院，南汇县有惠南书院。而川沙地广几十里，读书人不少，但尚无书院。学子参加科举考试，仍然要到上海和南汇两县。不仅十分不便，而且没有养成读书育人的氛围。何士祁对川沙地区“不设学、民风不厚”深感忧虑。道光十四年，何士祁捐出俸禄一千两，在川沙城内东南隅，建造了二进十五间学舍，名曰“观澜书院”（现为观澜小学）。由此开创了川沙官府出资办学之先河。

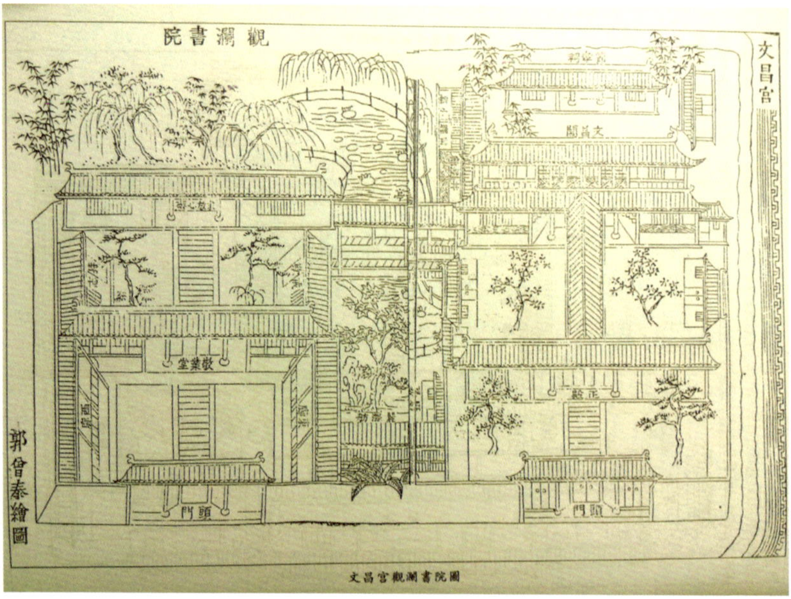

《川沙抚民厅志》中的观澜书院图

观澜书院办学目的：为个人谋出路，为地方厚民风，为国家举栋梁。时至今日，其办学目的并不过时。何士祁所撰写的《新建观澜书院记》有记载：“欲厚风俗，端由士始。五步之风，必生芝兰，不敢谓海滨一隅，文教可缓。”意思是说，要想营造当地浓厚淳朴的乡风民俗，必须从学生和文人抓起。此地虽然偏僻狭小，但也能出人才，不能说我们是滨海一角，文化教育之事可以慢慢来。

何士祁重视对儿童品德的培养，他将书院讲堂命名为“敬业堂”，含有劝诫学童踏实求学之意。讲堂的后五楹取名为“求放心斋”，让学童保持心胸之开阔。书院的东侧厢房取名“戒欺”，告诫学童行事要光明磊落，诚实无欺；西侧厢房冠名“持志”，明示学生要有志向，并持之以恒。

何士祁又在书院增加不少教学内容，增强师资力量，谆谆训迪士子。那时川沙参加科考成绩不甚理想，科名寥落，士气不扬。为了鼓舞考生，何士祁又在书院东面的古城墙上重建主管功名科举的魁星阁。魁星的故事是这样的：古代有个秀才，长相奇丑无比，但聪慧过人，才高八斗，过目成诵，出口成章。虽然每次科考成绩不错，但因长相太丑都没录取。有次皇帝抽查，偶然看到他的文章，拍案叫绝：“不愧天下第一！”于是钦点他为状元。清道光二十九年，住在川沙“兰芬堂”的祝椿年参加江南乡试，高中“解元”（省主持的科举考试，第一名为“解元”，也就是现在的高考状元），一时传为盛事，时人将其居住的“兰芬堂”称为“解元府第”。祝后来三上礼部，出任知县。何士祁高兴地赠诗云：“天上文章斗牛焕，壁间丝竹管弦新。”当地百姓都认为，川沙文教得何士祁振兴之力。1903 年，立志教育救国的黄炎培与张志鹤一起获准改川沙观澜书院为川沙小学堂。

何士祁在川沙任内还主持纂修了川沙历史上的第一部地方志——《川沙抚民厅志》。川沙在明代屡遭倭寇蹂躏，自建城而患息。清代以后，设川沙堡、川沙厅，屡经变迁。何士祁招录人才，自任总纂，在道光十六年完成了十二卷本的《川沙抚民厅志》，并独立捐资镌刻。虽然该志尚不详备，但其后光绪五年（1879）大学问家俞樾纂《川沙厅志》，民国二十四年（1935）黄炎培、张志鹤纂《川沙县志》，俱称一代名志，但都以何士祁的《川沙抚民厅志》为基础。

何士祁在川沙积极兴修水利，其中以疏浚白莲泾功劳最大。川沙地区东面有两条海塘，使得内外隔绝，水利主要依靠西面的黄浦以通潮汐。川沙的长浜、吕家浜与通黄浦江的白莲泾相连。白莲泾自乾隆年间开浚之后，逐渐淤塞，当地绅士百姓屡次吁请开

何士祁修建的魁星阁

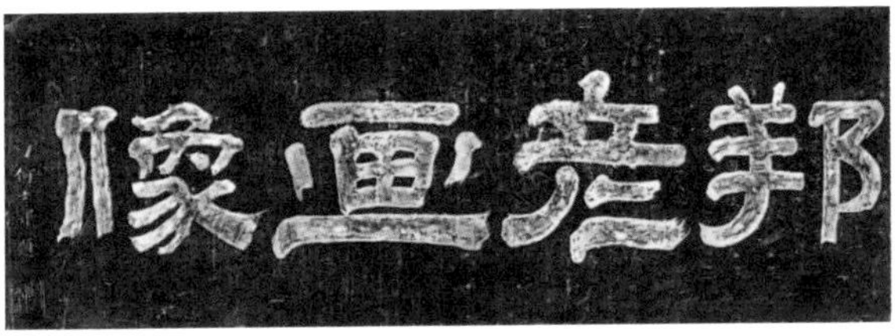

何士祁在松江题写的“邦彦画像”

浚，因白莲泾当时属南汇县管辖而没有结果。何士祁到任川沙后，主动与南汇县磋商，于道光十五年（1835），前后花了四个月时间，开浚了白莲泾等河，大大减少了川沙地区的水灾。事后，何士祁感慨万分，撰诗数首。其一云：

廿里长渠一镜涵，从兹水利溥东南。
绿云晓径驰秧马，红雨青溪驻篠骖。
极浦旧痕轻染黛，剪淞新涨净拖蓝。
欣看鼓腹安腴壤，终是汪洋帝泽覃。

何士祁是个有作为、想干事的清官。他急公好义，凡有益地方民众的事业，无不乐从。建立义仓粮库，募集粮食储备，以防备灾荒。立义学，帮助贫困儿童入学。设恤孩局，收容孤儿，以资教养。修复和建立仰德、龙神、节孝各祠及同善堂等。他性格平和，勤于为政，亲近百姓，故能洞知民隐，措施相宜，是封建时代不可多得的廉明官吏。咸丰元年（1851），何士祁第四次赴任川沙厅事，当年即升任松江知府。

何士祁藏书之富，甲于江浙。他不仅当官有作为，而且博学多才，书法绘画无不精通。其所绘《山居读书图》，得董其昌神韵。如今在松江醉白池公园内，保留着石刻《松江邦彦（名人）画像》珍贵文物，其中“邦彦画像”四个大字，题写者正是当年的松江知府何士祁。

金石书画
富甲东南

沈树镛(1832—1873)，字韵初，号郑斋，清道光十二年(1832)出生于川沙镇内史第。咸丰九年(1859)，考中举人，官至内阁中书。沈博学多才，对秘籍、书画、金石、碑帖研究颇深，尤以碑帖最负盛名。家中收藏极其丰富，不仅在川沙一带首屈一指，而且“富甲东南”。清代学者俞樾曾称沈树镛收藏：“金石之富，甲于江南。”一生著有《汉石经石丛刻目录》《汉石经室跋尾》《书画心赏日录》《补寰宇访碑录(与赵之谦合撰)》等。

沈树镛从青少年起，就对中国悠久的碑刻文化产生了浓厚的兴趣。他既重视丰碑巨石，又独具慧眼搜集造像文学小品，长期辛勤耕耘在考订碑帖这块广阔而又荒凉的土地上，在不断发现，不断进取中丰富着自己的人生。同治二年(1863)，获得宋拓《熹平石经》127字。此石经原本有“西泠八家”之一的黄易收藏后重新装裱过。上有翁方纲、毕秋帆、武虚谷、孙渊如、王念孙等名家手书的跋语。不久，沈又觅到孙承泽研山斋藏本《熹平石经》残字，内容和黄本参差不同，唯其中的《今文尚书·盘庚篇》只多4字。沈树镛喜出望外，遂名其寓所为“汉石经室”。不禁使人想起乾隆四十二年(1777)黄易在收藏《熹平石经》后，将自己书斋改名“小蓬莱阁”的往事。

《熹平石经》亦称《汉石经》或《一字石经》，是中国历史上最早的官定儒家经本。东汉灵帝熹平四年(公元175)由蔡邕用隶书书写“六经”文字，立于洛阳太学门外讲堂前，由此诏示天下读书人，以校正传抄中的错误。后遭战乱，荡然无存。至宋代才有碑石陆续出土，可怜残缺不全。沈树镛的《熹平石经》，为世间罕见孤本，弥足珍贵。其书法精美绝伦，历来被金石家、书法家推崇备至。众多学者对沈的《熹平石经》进行考证、题咏，实为川沙文化史上的一件盛事。一时间，川沙城中内史第高朋满座，群星灿烂。“汉石经室”之名不胫而走。

沈树镛喜欢以文会友，从中增长见识。一次，陶锥庵、夏之仪、吴语樵、周荔轩等江浙名士光临川沙作客。席间，陶锥庵绘《东海停云图》，余人赋诗作词。沈树镛即兴一首：寥落天涯孰主宾，东南满地是荆榛。相逢萍水成知己，各有文章证夙因。歌唱自存真意气，飘零原不溷风尘。他时出岫为零雨，回首鸿泥记海滨。”诗意豪放旷远，知己相惜溢于言表。沈树镛广结朋友，以文会友于沈宅，可谓川沙文化史上的风流雅事。

沈树镛的才华不仅表现在对金石的收藏上，他的书法艺术造诣也非同一般。《川沙县志·艺文志》收录了沈的《张桓侯破张郃铭题字墨迹》：“桓侯千古快人，破张郃千古快事。事在汉献帝建安二十年，铭勒于四川绥定府渠县八濛山。或以疑作，过矣。扶正气，表奇功，正宜大书特书，乌得訾议哉！”此幅墨迹，纵横恣肆自如，配字巧拙相济。整幅作品浑厚雍容，意境幽远。上海秦锡田曾有诗称赞沈树镛博学多才：“江南赏鉴家，第一推沈叟。交游多胜流，收藏尽精品。不

沈树镛画像

川沙内史第展示的“汉石经室”

独汉石经，秘之鸿室枕。书法藏秀锋，诗才织艳锦。东海停云图，佳宾常夜欢。雪泥留爪痕，墨洒金壶渖”。

同治十二年（1873），沈树镛病逝。噩耗传出，学界震动。俞樾挽联：“一载卧沉疴，李贺床头呼阿奶；十年向奇字，扬云门下失侯芭”。随着岁月的流逝，汉石经室的藏品逐渐流散。最为珍贵的《熹平石经》聚散无常，令人叹息。光绪二十三年（1897），在川沙内史第珍藏了三十余年的《熹平石经》被汉阳万氏收藏。沈向前所藏的精品大多散失，其中三箱碑帖于光绪三十一年转到《老残游记》作者刘鹗手中。这位甲骨文学家兼小说家在他的日记中写道：“沈韵初帖三箱，计汉碑五十余种，六朝造像七八十种，唐石刻百余种，宋石三百余种。”这只是沈树镛毕生收藏的一部分，从中亦可窥见他的收藏之丰富。后人黄炎培（曾任新中国人大常务委员会副委员长、政务院副总理）在谈到沈树镛“石经汉室”时，称之为川沙近百年来的“文化中心”。

难能可贵的是沈树镛在收藏的同时，潜心于对藏品的考证评述，写下了许多研究性文章。其文清新隽永，观点独到，时有新见，体现着历史文化的传承和创新。可惜除论述汉石经文集外，大多没有汇集成册，从而使一代金石收藏名家的研究成果淹埋在历史的尘埃里，不免令人叹息。

建筑领袖 静听书声

当你在姑苏城内赞美中国传统园林建筑匠心独运、鬼斧神工之后，又赴百里之外上海，抬头外滩万国近现代建筑群时，你是否会面对滔滔黄浦江，联想传统与现代，东方与西方文明之间的跨越，探究上海开埠之路上的故事?

翻开厚重的历史，阅读黄炎培主纂的民国《川沙县志》会给你一个这样的解答："川邑工业，水、木两工就业上海，在建筑界卓著信誉。"历数浦东川沙人，越过黄浦江，在上海滩创造建筑辉煌的代表人物，杨斯盛可谓第一人。

杨斯盛（1851—1908），字锦春，出生在川沙镇东北蔡路青墩的一农户家中。自幼父母早亡，从小由婶娘拉扯长大。生活的苦难磨炼出他顽强坚忍的性格，勤奋好学改变着他的命运。

13岁那年，杨斯盛变卖了婶娘给的一只老母鸡作盘缠去上海谋生，经其兄介绍在上海滩建筑工地做泥水工。不出几年，杨斯盛的手艺有了长足的进步，在同行中有了良好的口碑。大家都觉得这个后生，将来一定会有所成就。为揽活计，杨斯盛常常到虹口的一家茶馆喝茶，于是成了茶馆老常客。

碰巧有一次茶馆老板请他翻建老虎灶。老虎灶一经砌成，老板连连叫好："小伙子有一套，手艺呱呱叫，灶头砌来式样新、火头足（旺）。"更巧的是隔壁有个在海关当厨师的邻居闻知此事，便请他到海关去砌灶头。这一去，杨斯盛时来运转，灶头砌成后被留在海关，负责房屋维修，有时也帮助外国人修理住所。期间，杨斯盛不但熟悉了西方的建筑技术，也慢慢学会与洋人用英语交流，还因其诚实守信用，结识了不少中外人士，特别与英商公平洋行大班阿摩尔思相处得最为密切。1880年，在阿摩尔思的相助下，杨斯盛创办起上海第一家现代意义上的建筑企业——杨瑞泰营造厂，成为中国建筑业由传统走向现代的标志。

1891年，英租界当局采用招标形式，筹建江海北关新大楼。招标一出，震动上海建筑界。处于传统建筑业中的同行因新海关大楼结构设计复杂，用材新颖而顾虑重重望之却步。杨斯盛却觉得这是一个证明中国建筑业实力的大好机会。他不管亲朋好友劝阻，毅然签下承包合同。一俟动工，身临现场，精心筹划，严格施工。在施工中，对每块砖敲打听音，凡是次品坚决弃之不用。对扶梯墙头业已砌成的空心墙，他认为有碍质量，推倒重砌。三年后，一座现代化的海关新大楼巍巍矗立在黄浦江畔，一切内部设施与装饰均为当时上海之最。大楼广场开阔，铁栏围绕。大门口台阶宽宏，石狮威武。三层之上钟楼高耸，钟声传扬浦江两岸。竣工之初，同行齐声称赞，洋人为之折服，前来观摩者络绎不绝。

杨斯盛承建江海关新大楼，闯出了一条中国传统建筑艺术与西方现代建筑技术巧妙结合、优势互补的道路，树起了"海派建筑"的一面旗帜，使处于西方现代建筑业冲击之下，还在痛苦彷徨的中国建筑工匠看到了希望。

从此，杨斯盛声誉日隆，业务日盛，成了本帮建筑业的当然领袖，英人开设的爱尔德洋行慕名聘其担任打样（设计）间负责人。

杨斯盛经营建筑业，一贯重信用，会计算，讲质量。在承建南京路王家沙一批居民住宅时，见到市场上有大批进口玻璃因尺寸

杨斯盛承建的江海关新大楼

小，销售呆滞，他就廉价买进，全部用在门窗上面，想不到这种小格子的花玻璃门窗，效果奇佳，既节省成本，又经用美观，观者无不啧啧称奇。同行有难时，杨斯盛总能挺身而出热心相助。由王发记营造厂承建的汇中饭店（今和平饭店南楼），是上海首幢安装电梯的砖木结构大楼。建筑难度大，质量要求高，为了中国建筑事业，杨毅然为其作担保。在工程建到四层时，出现墙角倾斜，厂主一时乱了阵脚。杨斯盛沉着应对，在采取一系列技术措施后，纠正偏差，保证了工程质量。

杨斯盛在建筑业上的成功和发展，带动引领了一批川沙建筑工匠在上海创业和发展。在杨瑞泰营厂之后，由浦东川沙人在上海先后开设了顾兰记、赵新记、陶桂记、张兰记等不下十数家营造厂，使川沙一跃成为“建筑之乡”。20 世纪 40 年代，有上千名川沙建筑工人远赴新加坡、菲律宾、印度尼西亚、美国等地开拓新业。20 世纪 50 年代，1 万余名建筑工人奔赴全国参加 156 项重点工程建设，长春第一汽车制造厂、鞍山钢铁厂、洛阳拖拉机厂等建筑工地都留下了川沙人的汗水和智慧。中华人民共和国国庆十周年前，首都建设十大工程，上海有一批能工巧匠进京参加建设，其中川沙人占了大部分。

杨斯盛事业成功以后，没有忘记自己幼年失学之痛苦。看到国家危难，教育衰微，便“慨罄巨金，广建学校”。

1903 年，黄炎培等改观澜书院为川沙小学堂时，开办经费无着落，杨斯盛当即慷慨捐助。1904 年，杨在上海梅白克路建造新宅，其中一部分做校舍，邀请黄炎培协助创办广明小学。第二年又增设一年制广明师范讲习所。翌年，出资 30 万两银子在浦东六里桥购地 40 亩，建设浦东中学。浦东中学建有大礼堂、小学部、中学部和两座食堂、两座风雨操场，各种教学和运动设备齐全，在当时上海学校中可谓首屈一指。1907 年 3 月，浦东中学开学，杨斯盛请来黄炎培任监督（校长），还出重金聘请陈独秀、沈雁冰、郭沫若等一批颇具社会声望资历的专家学者前来讲课。不出数年，学校教学成绩斐然声名鹊起，时有“南浦东、北南开”之誉，各地有志青年争相前来求学。浦东中学前后为国家培养了范文澜、钱昌照、王淦昌、罗尔纲、董纯才、潘序伦、卞之琳、胡也频、殷夫、邓拔奇等一批栋梁之材。蒋经国、蒋纬国兄弟也曾就读浦东中学。

杨斯盛毁家兴学，一度不为家人所理解，但他义无反顾，不为所动。临终前，还凑捐 12 万两银子作为学校发展基金（加上开办诸费，合计 40 多万两银子，约占其家产的三分之二），希望学校以后能够不断发展，并减少学生学费。他在遗嘱中写道:“创业不易，守业亦难。自立者存，依赖者败。愿我后人，经营实业，注重公德，以勤俭持身，以谦和接物，务尽国民之义务，毋图一已的晏安。人格宜全，勿贻余辱。”对遗产除留给家属生活费和子孙学习费外，其余都交学校管理，并告诫后代不得干涉校务。

杨斯盛除了毁家兴学，为世人所推崇外，还急公好义，对一切有利地方民众的慈善公益事业，慷慨解囊，无私援助。

1905 年 6 月，黄炎培等四青年到南汇新场演讲，揭露时弊，宣传民主，被南汇知县拘捕入狱。江苏巡抚电令就地正法。杨斯盛闻讯，立即拿出 500 银元，上下打点关系，并请上海基督教总牧师步惠廉赶往南汇出面作保，将黄炎培等四青年营救出狱。

1905 年，川沙遇大潮灾，冲毁海堤，居民死亡无数。杨倡议赈济灾民，捐出 3000 银元，抢修海塘。同年 4 月，因“苏报案”而被捕的民主革命志士邹容病死狱中，杨无所顾忌，不避嫌疑，公开出资为其下葬。

坐落于浦东中学内的杨斯盛塑像

1907 年，他发动同业捐款，修筑洋泾、董家渡和六里桥南道路（即今浦东大道前身）长十余里。1908 年，他出资 6000 银元修建严家桥时，已经病卧在床，然而还是每日坐轿前往工地指挥，致使病情加重，不幸于当年 4 月 30 日去世，年仅 57 岁。

杨斯盛识字不多，但是守信用、明是非、有远见，思路敏锐，记忆过人。平时举止儒雅，衣履整洁，与人交谈从不疾言厉色。一生倾其所有，办了那么多学校，做了那么多善事，从未想要自己立名。生前资产虽丰，临终留给子孙的不到十分之一。

1906 年，江苏提学使毛庆蕃视察建设中的浦东中学后大加赞赏，并要上呈请奖。杨得知后平静地说，我办学校难道想求什么官职吗？ 1910 年，江苏巡抚程德全又专折奏请，授杨斯盛以花翎同衔、盐运使衔，并赐四品官及“皇封诰命”匾额。1917 年，经民国政府批准立杨斯盛铜像于浦东中学。在铜像落成典礼上，有辞颂之：“于铄杨公，挺身江东，毁家兴学，烈伟丰功。形体虽化，精神无穷；巍巍之像，百世可风。”

今天，如果你有机会访问浦东中学，站在杨斯盛墓前，凝视镌刻黄炎培手书的“静听书声”，一定会感慨万千：从身无分文变卖老母鸡作盘缠，到沪上一代建筑界领袖人物，再到“静听书声”，大概就是杨斯盛一生的追求，一生的境界。

斯人已逝，书声犹在！

营造领袖 遗作犹存

顾兰洲（1853—1938），又名顾家曾，浦东川沙蔡路人，上海滩著名的营造商。父亲早亡，由母亲抚养在农村长大。十一岁时就到上海学习木匠手艺，满师后在上海到天津的进口轮船上做木工。他聪明好学，由于经常和船上的洋人打交道，有机会学习英语，所以在工程上竟然能与洋人应对自如。三十岁左右顾兰洲投奔了同是蔡路人的杨斯盛，他是上海近代建筑业的创始人，先在公司做木工小包，很快升为监工，参加过海关大楼二期工程建设。后又辅佐余洪记营造厂主余积臣，参加了该厂早年参建的一些工程。此间结识了怡和、马海、新瑞和、沙逊等最初洋行的一批英国人，在他们的支持下，于清光绪十八年（1892）顾兰洲独资创办“顾兰记营造厂”。

顾兰记营造厂承建的第一个工程是早期怡和洋行大楼。大楼位于外滩中山东一路 27 号，是一座文艺复兴时期风格的建筑。大楼一、二层为一段，用花岗石垒砌，轴线明朗，大门和双侧窗框使用罗马半圆石拱造型，正门上方有羊头浮雕装饰，显得庄重坚实；第三至五层又为一段，有罗马科林斯柱式支撑，气魄雄伟，显示出浓郁的西欧古典色彩。第三层有石栏杆阳台，整段窗框上方有石雕镶嵌；第五层上方原有的平台，穹顶被拆除后，加高到七层。

清光绪二十三年，杨斯盛欲团结上海建筑同业，组织公所，顾兰洲积极支持，并共同出资重修在上海城隍庙旁边的鲁班殿。光绪三十四年在顾兰洲、江裕生等支持下，杨斯盛被推荐为上海水木公所领袖董事，顾兰洲为副董事。同年杨斯盛逝世，顾兰洲继任领袖董事一职。后来川沙张效良在建筑业中崭露头角，顾兰洲深明大义，高风亮节，遂说服同业将董事长一职交于年轻的张效良担任。

顾兰记营造厂后又翻建外滩英国领事馆、南京英国领事馆，承造北京英国公使馆、上海太古洋行大楼等三十多项大工程。民国三年（1914），广东华侨马应彪准备在上海南京路上建造先施公司大厦，设计者为英商德和洋行。顾兰洲与英商马海洋行关系密切，马海是当时英国皇家建筑协会会员，靠这层关系，顾兰洲揽下了这幢当时上海最大的建筑。该建筑高七层，钢筋混凝土结构，

顾兰洲承建的先施公司

位于川沙新镇共和5村的顾兰洲祠堂

集商场、酒楼、旅馆于一体，首次安装了刚刚引入上海的供暖系统，屋顶花园也在当时上海首屈一指。民国六年（1917）10月先施大楼竣工开张，盛况空前，轰动整个上海滩。

先施公司大楼完工后，顾兰洲进入马海洋行经营房地产业务，由他建造及经营的住宅共有两千幢左右。这些房子大都为两层楼石库门建筑，分布在梧州路、舟山路、乍浦路、海宁路、方浜西路、南洋桥、香烟桥、溧阳路、湖州路、恒丰路、四川路等处，里弄住宅命名多以"兰"字当头，如兰惠里、兰兴里、兰益里、兰亭里、兰闸里等。单为维修这些房屋就专门设置了一支由三十多名泥水木匠的维修专业队伍。

1921年1月，黄炎培、张志鹤、顾兰洲等发起招股集资，组织成立上川交通股份有限公司。1924年10月，公司与上海浦东塘工善后局和川沙县交通局订立合同，租用上川县道（庆宁寺至川沙县城）铺设轻型钢轨，行驶铁道机车，取得专营权三十年。顾兰洲、凌云洲是当年上川交通公司的大股东，他们与黄炎培、张志鹤等共同筹建了浦东第一条铁路。在黄炎培撰写的《上川交通股份有限公司章程草案序言》中把几个股东的职责描述得非常清楚："自筹备以来，顾君兰洲主任工程，凌君云洲主任测量"。1925 年 10 月 3 日，庆宁寺至龚家路段铺轨竣工通车。翌年 7 月 10 日，龚家路至川沙段建成通车。至此上川铁路长 21.15 公里，设庆宁寺、金家桥、新陆、邵家弄、曹家路、龚家路、大湾、小湾、暮紫桥、川沙站。由内燃机车拖带客车，车次与塘工善后局的浦江小轮衔接，可直达上海市区。川沙以南地区小普陀、祝桥、南汇、大团一带的旅客，由公司租用民间小轮和自备客轮接送。顾兰洲的长子顾伯威担任了上川铁路公司经理。1931 年开始，公司将沿线木桥改为钢桥，向德商购进蒸汽机车，于 1933 年 9 月投入运行。1934 年 5 月，上川公司分别与川沙县和南汇县政府订立合约，承租川钦县道和南川县道。11 月，上川铁路由川沙向东延伸 3.3 公里至钦塘，设小营房站(今华夏东路川南奉公路附近)。1936 年 3 月 15 日，铁路又向南延伸 12 公里至祝桥镇，增设江镇、邓镇、祝桥站。至此，上川铁路全线贯通，全长 35.35 公里。上川铁路的建成，方便了浦东腹地与上海城区的联系，为川沙及南汇地区的发展作出了重要贡献。1975 年 12 月 10 日，经上级批准，历经半个多世纪的上川铁路终于被拆除。现在川沙北门外建有"上川铁路川沙站遗址"，有当年运行的小火车头实物供观赏。

顾兰洲等出资修建的上川铁路

有感于幼年失学，顾兰洲热心开办学校，与杨斯盛合办民新小学，又创办丛兰初级小学、懿光女子小学。民国三年（1914）顾兰洲捐助沪绍水木业公所5000元，购得上海西门外打铁浜基地六亩多兴建校舍，取名为上海水木公学，后来改为通惠小学（现马当路小学），这是当时职业学校中开办较早规模较大的一所学校，上学者大多数是泥水木工子弟，顾兰洲出任第一任校长。顾兰洲还是中华职业教育社发起人之一，捐款建造“职教社”大楼。民国十二年，顾在家乡三甲港择田75亩，分植杉木、香樟、松树等，又于南二甲钦塘外，植银杏、松柏等树，称顾氏植树场。

顾兰洲于民国二十七年逝世。民国三十六年上海营造界在鲁班殿举行隆重的先贤入祠纪念仪式，顾兰洲和杨斯盛、张效良一起被供奉在鲁班的两旁。当时社会各界赞誉顾兰洲。“禀性亢爽，处事坚毅，重然诺，勇负责。”“萃一生之精力，贡献于营造界，诚诸先进中杰出之人才也”。

精雕细刻 营造大家

新中国成立前上海外滩的建筑有“万国建筑博览会”之称，那些漂亮、优秀建筑不少人常常从表象误认是外国人承造的，其实不然，这中间有着中国劳动者的智慧和汗水。这里我们要介绍的是一位当年有名的营造商，他叫陶桂松，他的代表作有外滩的中国银行大楼、南京东路的七重天，还有龙华飞机场、美琪电影院、沪光电影院、迦陵大厦等大型建筑，历经百年风风雨雨，仍然屹立在黄浦江畔。陶桂松功成名就时，在川沙古城中建造了“陶氏精舍”，作为自己在家乡的“安乐窝”，至今保留完好。

陶桂松（1879—1956），出生在今天上海川沙蔡路地区，小名阿蔡。陶桂松祖辈务农，家境贫困，年轻时他在当地学过几年箍桶手艺（用竹篾或金属条把加工过的木板束紧，如箍水桶、木盆等）。因生意清淡，难以糊口，便就跑到上海谋生。在瓦筒厂做木模工时，营造方面的才能开始逐步显现了。1918 年魏清记营造厂老板魏清涛承建永安公司大楼时，陶桂松在工地做一个小包作头。他早出晚归，认真负责，被老板看中。老板有意栽培他，将一些工程包给他做。

1920 年，陶桂松在成都路 140 弄 27 号创办了“陶桂记营造

陶桂松承建的中国银行大楼

厂”。事业初创期间，陶桂松承接的工程都不大，但是他都尽心尽责，努力做出牌子，逐渐扩大影响。陶桂松承接的第一个工程是上海北苏州路上的一个货物堆栈，这是当时上海知名实业祝三舫的产业。由于陶桂松认真负责，工程质量得到了认可。有了些名声，经人推荐，陶桂松又承接到了永安纺织公司在兰州路上的永安纱厂厂房施工项目。一年后完工验收时，永安公司老板郭乐、郭顺十分满意，尤其是郭顺，更是当场将自己在南京西路铜仁路上的两幢住宅交给陶桂松承建。陶桂松尽心尽力，外墙采用当时流行的汰石子，内部装修全部用高级柚木，豪华气派。工程计划造价 30 万元，由于陶桂松在建造时十分讲究，费用大大超支，贴了本钱才告竣工，但是陶桂松就此与永安系统结下了深厚的关系。之后他又承建永安公司三家工厂厂房的土建，总价 200 万元。借此，陶桂记营造厂积累了雄厚的资本，在营造界崭露头角。

1934 年，永安公司新厦招标，基础由一家叫“锦生记营造”厂中标，陶桂记营造厂则揽下了全部地面工程。这幢大厦位于南京路繁华地段，又由于老屋与新屋之间有独特的悬桥而引人注目。永安公司新大厦，又称“七重天”，在永安大楼东侧，原属“楼外楼”茶园产权，永安公司购得产权拆除旧屋后，得 1400 平方米地皮。“七重天”由美商哈沙德洋行设计，取名“摩天大楼”。当时，永安公司对面先施公司有个醒目的“摩星塔”，而永安公司把新大厦称为“摩天大楼”，颇有竞争的含义。

建筑师根据三角地形，因地制宜，设计了施工方案：临南京东路为双层摩天塔楼，后部为八层，钢框架结构，建筑面积为 14438 平方米；一至五层为公司用房，六层为“七重天”游乐场，有天桥与永安老大楼联通；沿街大橱窗用绿色花岗石镶贴，二层

陶桂松住宅外景

以上用浅黄色釉面瓷砖镶贴，入口用黑色花岗石贴面；平面呈楔形，立面简洁干净。整幢大楼高耸挺拔，呈现出高层建筑现代派风姿。七重天当年以最新的造型引起追求时髦的上海人的关注，陶桂记营造厂本身的影响和知名度也达到了很高的程度。七重天完工之后，陶桂松又承建了江西路福州路口的建设大楼。

1936 年，陶桂松承建了位于外滩的中国银行大厦。

中国银行的前身是清政府的“大清银行”，辛亥革命后改名中国银行。1928 年 10 月南京国民政府公布《中国银行条例》，把原来行使国家银行职能的中国银行改为政府特许的国际汇兑银行，将总部迁入上海，与上海分行合署办公。由此，中国银行的业务迅速发展，办公用房捉襟见肘。为了提高中国银行在金融界的地位，显示出雄厚的资本实力，总部决定建设新楼。

新楼建在黄浦江畔的原德国总会地皮上，即今外滩中山东一路 23 号。英商公和洋行和中国建筑师陆谦受承担了中国银行新楼的设计，“陶桂记营造厂”承包施工。建筑占地面积 5109 平方米，建筑使用总面积 38309 平方米。主楼为钢框架结构，辅楼为钢筋混凝土结构。大楼外墙镶嵌平整金山石，屋顶采用蓝色四方钻尖顶，檐下饰以巨形石质斗拱。栏杆和花饰窗采用中国传统形式。大门上方镶嵌孔子周游列国的石雕，门外有 9 级花岗石台阶，取九九归一之意。大门由雕饰得十分精致的铸铜铸造，气派非凡。

外滩中国银行新厦招标时，竞争十分激烈。陶桂松把握了业主急于早日完工投入使用的心理，指示下属做了“中标短工期”的标，即标价不高不低，工期最短，再加上他的女婿，当律师的车炳荣在幕后周旋以及陶桂记营造厂承建高层建筑的实力和经验，终于夺标。中国银行工程尽管在“八一三”事变时一度中断，但陶桂松克服了时局动荡的困难，于 1937 年底竣工，成为外滩标志性建筑之一。

后来，陶桂松又承建了美琪大戏院、沪光电影院等，有了声望，

陶桂松住宅内景

遂被选为上海市营造业同业公会理事。

这里，还有一段上海著名二十四层楼的国际饭店和陶桂松“美丽的传说”，我们查阅到的记载原文是：“民国时代，24 层楼的国际饭店是上海最高的建筑物，也是 30 年代远东第一流的民用建筑。整个大楼呈帆船形，钢骨结构，混凝土浇制的墙身，三楼以下，外覆黑色花岗石，三楼以上砌覆紫红色缸砖，标高 83.8 米。1934 年 12 月落成，成为了上海注目的人文景观。这座宏伟的建筑，是由浦东人陶桂松开设的陶桂记营造厂承造的。”当然，另有记载是这样的：“1931 年 5 月，国际饭店由四行储蓄会出资建造，设计师是匈牙利著名建筑师邬达克，承建是上海馥记营造厂。采用国产花岗岩及釉面砖作为大楼的外墙贴面，大大降低了成本。”

今天，我们一时无法探究陶桂松和国际饭店的“渊源”是怎样形成的，只是从中可以看出陶桂松确实在当时的上海营造行业的突出地位和影响力。

陶桂松在经营建筑的同时投资经营其他行业，先后担任过大元冶坊董事长兼总经理、上川交通公司常务理事等职。

抗战胜利后，陶桂松被推举为上海市营造业同业公会整理委员会五个成员之一，承担了重组公会的任务。1948 年，陶桂松和诸文彬、桂兰荪等被推选为同业公会的名誉顾问。此时，陶桂松因年事已高，“陶桂记营造厂”由他两个儿子掌管经营。

陶桂松是浦东人，始终没有忘记家乡。1930 年，陶桂松在家乡川沙镇操场街 48 号建造了一幢二层楼别墅式住宅，称为“陶氏精舍”。由陶桂松自己设计、自己营造的。这是一幢中西结合的混合式庭院建筑，砖木结构，建筑面积 1200 多平方米，坐北朝南，四周筑有 2 米高的围墙，东向开门。用工用料均属上乘，建筑精良。2002 年 1 月，这幢建筑被浦东新区政府列为区级文物保护单位。

这幢住宅是陶桂松一贯建筑风格的体现。

他为了造好房、建好房，多次到欧洲学习、取经，坚持要将世界一流的建筑理念带回中国，造最好的房子。对于他而言，永远没有最好，只有更好，精益求精就是为了追求极致；他最大的兴趣就是像打磨艺术那样造房子。他风趣又富有哲理地说：“房子是给人住的，不是给人看的，是百年大计！”精工细造，不赶速度！

这一切都体现在他自己的住宅建造上。整个建筑分为主楼和副楼，之间有悬空吊桥相连。不由得使

陶桂松承建的迦陵大厦

人想起陶氏在建造永安公司新大楼时将新、老永安大楼用天桥的连接往事。

主建筑共有厅、房18间，并建有地下室和自成一体的供水系统。副楼上下两层，共有厅、房6间。

宅院平面呈“回”字形五开间，中间筑石库门式入口，两侧对称地挑出两座半六角亭阳台，用爱奥尼克柱支撑；清水灰砖外墙，灰瓦人字屋面；厢房平顶辟有露台。院内有走马楼梯；正厅有落地长窗、磨石子地坪和平拱窗，地板采用的是上乘的柚木，樑、坊、檀木构架上均有精美的吉祥风物雕刻。

当年，宅院前种上了金桂、银桂，金秋季节金灿灿、银闪闪，香溢街坊；宅院后和门楼旁植五针松、马尾松、西洋松……一年四季葱翠碧绿，生机盎然，寓意“桂松勃发”。

宅院建筑十分精致，是中西建筑工艺合璧的杰作，被称为“陶氏精舍”。

1956 年，陶桂松因病在上海寓所逝世，享年 77 岁。陶桂松一生中，给我们上海留下了一批杰出的建筑，也为家乡留下了一份宝贵的建筑文化遗产。

开创第一女校之先

打开电脑，输入关键词“开群女校”，会有许多条信息一涌而出：

“黄炎培在光绪四年九月初六日（1878年10月1日）出生于内宅二楼东厢。22岁考中秀才并结婚，26岁在宅中开办‘开群女校’。”

“正中作为客厅的立本堂。左侧则是由黄炎培和其堂兄开办的浦东大地第一所女校——开群女校，如今女校课桌上安装了多媒体教学设备，现代和历史相得益彰。”

“正中是作为客厅的立本堂，立本堂左侧是黄炎培和其堂兄开办的浦东第一所女校开群女校。”

“1903年由黄炎培和堂兄黄洪培开办的开群女校的模拟教室，这也是浦东的第一所女校。”

黄炎培是一个教育家，年轻时就积极为教育事业奔走。1903年，他在南洋公学、爱国学社等教育活动受到挫折后，仍不改初衷，立志回家乡浦东川沙办学。他在川沙同仁张志鹤、潘敏斋、陆逸如的支持下，把浦东川沙城内一所观澜书院，改办为新学制的川沙小学堂。学校开办后黄炎培自任校长，张志鹤担任副校长。他们将川沙小学堂办得十分红火，吸引不少学子纷纷前来求学，可

黄炎培书写的开群女校匾额

贵的是自己却不领取分文的薪水，体现出一种公而忘私一心为教育的品德。在这过程中，黄炎培发现前来求学读书的学生几乎都是男孩子，很少有女孩，这促使黄炎培想得很多，他想到封建社会妇女没有地位，想到穷苦百姓遭受压迫与欺凌，女孩子更没有读书的可能，他想到那些封建的卫道士们仍在鼓吹什么女子无才便是德，妇女一辈子做睁眼瞎的现状。黄炎培逐渐产生了开创妇女教育的想法，让家乡城镇与乡村的女孩子也能上学。于是他和堂兄黄洪培、堂嫂陆开群夫妇议论起开办女校的事儿。由于考虑到招收的是女生，一开始报名的人数可能不会太多，学校办在“内史第”自己的家中，也完全可以，这样还可以省去一笔租借校舍的费用。他的堂兄黄洪培是一位有维新思想的知识分子；堂嫂陆开群出生书香门第，是一位有文化修养的开明的爱国女性，爱好诗词和音乐。黄炎培的想法得到堂兄夫妇的全力支持，堂嫂陆开群立即腾出自家的一间生活用房，作为女校的教室，专收四邻女生入学。

为了感谢堂嫂的支持，黄炎培就把学校以堂嫂陆开群的名字命名。1903 年底，“开群女学”在川沙城内的内史第沈家大院内正式开学，这不仅开创了川沙女学之先河，也开启了浦东女学的先河。

黄炎培和黄洪培为开群女校传授文化知识课，陆开群自告奋勇

开群女校教室

当起女生的生活课教师。

开群女学，学习科目与男生基本相同，也与男生共同参加分组速算竞赛和演讲会等活动。黄炎培经常启发女学生说，这个世界是由男人和女人组成的，妇女与男人同样能做一些为国为民之事，并教育学生要自立、自强，争取妇女的权利；人类的历史就是从母系社会开始过渡而来的，历史上有男英雄，同样也有不少女英雄，像花木兰、穆桂英，希望大家向巾帼英雄学习。

富有同情心的陆开群，教学不计酬劳，不仅让穷人家的女孩子上学，有时会让一些离家较远的孩子留在家中吃饭。“开群女学”实际上是一个基本免费教育的学校。学校没有明文规定学费标准，有条件的可以正常交，家庭条件好的可以多交，家庭条件不好的可以少交、不交，一切随学生家长自愿。

1903 年 6 月，黄炎培赴南汇新场镇演讲。因痛陈国家危亡、政府昏聩之状，黄炎培、张志鹤、顾次英、张尚思四人被通缉，黄炎培避难去了日本。“开群女学”的一切校务都由黄洪培和陆开群负责管理。为了保证“开群女校”适应当地寻常百姓家庭的需求，陆开群同丈夫商量，设立了女红课程。（女红，指女子所做的针线、纺织、刺绣、缝纫等劳动和这些劳动的成品。女红也称作“女工”。）女红课程不仅陆开群自己授课，还请自己的家人以及川沙镇上的做女红的能手帮忙。因为教室有限，文化课程与女红课程交替进行，使女孩子们不仅能学习文化知识，也有机会学习女红技术，因而很受学生家长的欢迎。

黄洪培与陆开群夫妇坚持办学6年之余，为开群女校的创办、生存和发展做出了很大的努力和辛勤的劳动。儿子黄长风曾说：“我母亲曾为开群女学付出过比我父亲更艰辛的劳动，她不仅要料理家务，教育自己的孩子，还要管理学校事务，并要亲自兼课。”

在办好女校的同时，黄洪培、陆开群夫妇始终重视对自己孩子们的教育，特别是陆开群不仅注重孩子们的文化教育，更重视孩子的素质教育。陆开群是开明的爱国女性，爱好诗词和音乐，并

开群女校内景

黄炎培为"开群女校"题字

有很好的音乐基础，喜欢唱歌，并经常教自己的孩子们唱歌。她的孩子在这样一个具有传统文化和爱国民主思想氛围的家庭环境中成长起来，有了先天丰厚的艺术营养。特别出色的是后来成为音乐大师的儿子黄自。他从小就喜爱听母亲唱歌，黄洪培见儿子喜爱音乐就为他购买了一些唱歌书，母亲陆开群一有空就教他学唱，常常是一边做家务一边教儿子唱歌。黄自从小就能唱几十首歌，还能背诵大量古代诗词，1916 年他进入北京清华学校，开始接触西方音乐，由于有良好的音乐基础，他参加学校乐队、合唱队，又学习钢琴和声乐。1924 年赴美国俄亥俄州欧伯林大学学习心理学，1926 年毕业取得文学士学位，又入欧伯林音乐学院专攻理论与作曲。1928 年入耶鲁大学音乐学院学习作曲，1929 年毕业，获得音乐学士学位。毕业作品管弦乐《怀旧》序曲曾在学院演出，是中国作曲家创作的第一部交响音乐作品，成为中国交响乐之父、著名的音乐家、早期音乐教育影响最大的奠基人，培养了贺绿汀、刘雪庵等许多优秀音乐人才，为创立我国专业的音乐学府做出了不可磨灭的功绩。

小女儿黄培英，由于接受了母亲陆开群的天赋，十分喜爱女红，特别对绒线编织更感兴趣，后成为一位著名的绒线花色编结设计师，成为在上海享有盛名的编结大家之一。

三儿子黄长风对理科方面知识很感兴趣，于是黄洪培夫妇就从理科方面培养。黄长风从上海震旦大学毕业后进入清华大学就读，后去法国留学，并在法国获得物理学博士学位，他在实验粒子物理学方面有诸多贡献，是一位享有较高声誉的美籍华裔物理学家。

晚年的黄长风向母校清华大学高等研究中心捐赠毕生积蓄360万美元，支持我国教育和科学事业的发展。遵照黄长风先生的意愿，清华大学高等研究中心设立了以黄长风父母名字命名的“黄济北陆开群讲座”。

德被后代 功在桑梓

张志鹤（1879—1963），字伯初，名访梅，晚年自号寒叟。浦东曹路人。川沙人杰地灵、名人辈出。就当代而言就有张闻天、宋庆龄、黄炎培三杰。然而他们大都远离家乡，身居高位，功在国家。同时代真正造福地方乡梓的，还要算张志鹤。张志鹤把川沙的繁盛，作为自己毕生的责任和追求，日夜操劳、呕心沥血。但凡创办学校、开辟县道、修建铁路、修筑海塘、慈善救助、新辟公墓、清理盐田、编写县志以及同乡会等，无不闪现他的身影。黄炎培曾这样评价张志鹤："川沙新事业之创造，大半出其手。"可见张志鹤对川沙地方的贡献极大，但他的事迹却鲜为人知。

张志鹤幼年在王港私塾读书，师从甲午举人顾次英。后考中秀才，当私塾老师。张志鹤虽然是个封建时代的秀才，但思想开放，精通英语、日语，善于接受新事物，了解世界最新科技和潮流，并引入家乡的建设和发展之中。他热爱教育，相信只有教育能够救中国。光绪二十四年（1898），与黄炎培携手在川沙办教育。光绪二十八年秋，为推行新式教育，与黄炎培一起呈请川沙厅、南京两江总督府，将推行旧式教育的观澜书院，改成新式教育的川沙小学堂。黄炎培任总理（校长），张志鹤为副办（副校长）。为消除社会误解，两人管理学校只尽义务，不领薪金。

张志鹤青年时期思想激进，和好友黄炎培等一面办学，一面“唤醒民众”，每周举办公开演说会。1903 年 6 月，张志鹤随黄炎培赴南汇新场镇演讲，痛陈国家危亡、政府昏愦之状。这时清廷因上海章太炎、邹容案，正在通令各县缉拿革命党。黄炎培、张志鹤、顾次英等四人被南汇县令戴运寅以“毁谤皇上、毁谤皇太后，是革命党”的罪名被捕关押牢中。后经杨斯盛和美国牧师步惠廉的营救，在“就地正法”的电文到达南汇县署前，四人获准保释出牢，躲过一劫，随即亡命日本。杨斯盛又慷慨解囊，赠予路费。“新场党狱案”一时成为上海各报新闻。章士钊主持的《国民日报》撰有《南汇风云》，曾有连篇累牍报道。上海新舞台赶编文明戏《新场镇》，演得有声有色。这边新闻闹得沸沸扬扬，那边三青年黯然离沪。黄炎培事后写道：“挥泪告读者们：我生最难堪，要算此时此境。陈天华烈士就在这情况下蹈海了。我们一行三人，不甘自杀，定要为祖国生存而奋斗”。第二年事态平息，他们便返回祖国。

1907 年，杨斯盛捐银三十余万两创立浦东中学，聘黄炎培为首任校长，张志鹤为校董、教务长、副校长。浦东中学因校风纯朴、师资精良、教规严谨、设施一流而人才辈出，曾享有“北南开，南浦东”之盛誉。著名校友有张闻天、蒋经国、蒋纬国、潘序伦、范文澜、罗尔纲、王淦昌、陈芳允、叶君健、马识途、谢晋、庄士平等。培养的海内外一大批科学家中，光院士级大师就有 20 多位。殷夫、胡也频等近 20 位革命烈士也曾在浦东中学就读。

宣统元年（1909），川沙筹备自治公所，张志鹤任副所长。当选为川沙厅议事会议员、参事员。宣统三年 11 月 5 日，江苏宣告独立，张志鹤入江苏都督府供职，曾任江苏省民政司总务科长，兼代教育科长，江苏省行政公署第二科科长。回川沙后，任川沙县劝学所长、教育局长、交通局长等职。张志鹤主持川沙教育 14 年，为改革封建的私塾教育，扩充教育经费，集资建造学校，尽心尽力，政绩显著。1914年，他捐1000多银元，创办九团三甲(今属曹路镇)初等小学校(今黎明小学)，被教育部授以兴资办学金质三等奖章。

1915年4月，张志鹤任《川沙县志》采访稿审查长，旋又聘为协纂(副主编)。由于主纂黄炎培经常不在川沙，实际编撰工作由张志鹤完成的。因时局不稳及经费不继等原因，断断续续，至1934年1月《川沙县志》才开始总纂，1936年正式出版，前后历时24年。

20世纪初期，从川沙等地往返上海市区主要依赖水道，而陆路交通极为不便，只能靠走路或者独轮车，往返需要一天，还得早出晚归，否则来不及。1921年，张志鹤与黄炎培一起共同招股集资建造上川铁路。1936年3月全线贯通。线路自浦东庆宁寺起经川沙终至南汇祝桥，总长35.35公里，极大地方便了上海、川沙和南汇三县人民的出行。

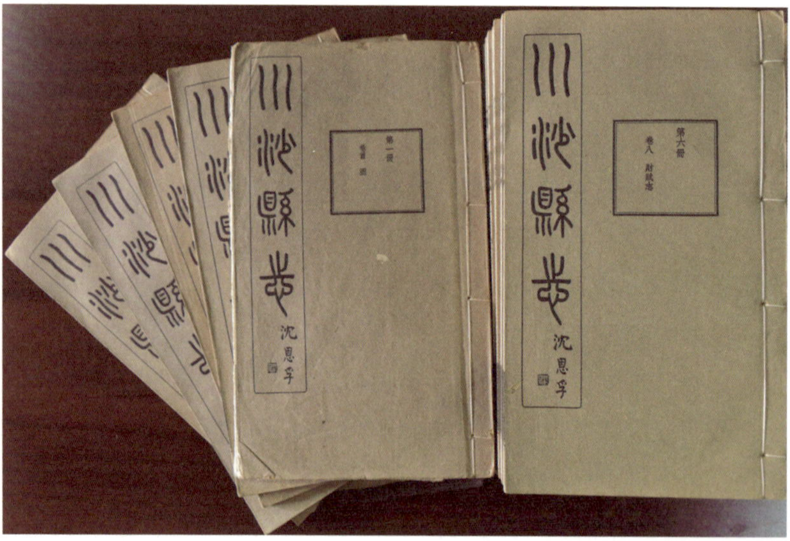

张志鹤协纂的民国《川沙县志》

张志鹤可谓“三朝元老”，历经清朝、民国和新中国。所处年代，大都属于封建社会和民国时期。当时国力衰竭，地方政府疲弱，很多国计民生无人问津。要想改变当地的贫困落后面貌，只能靠地方自治。于是当地的一些有识之士自发组织起来，各种民间团体应运而生，共同探讨研究和实际管理当地的重大事务。张志鹤在其中起了重要作用。

张志鹤秉公办事，清正廉洁，大家都信任他，所以他经常身兼数职，到处忙碌奔波。他一生曾经担任过几十个职务，且大多是所长、科长、局长、会长、董事长、主任、主席等，可以说有职有权，但他常常“不支薪金”，有时还自掏腰包，故黄炎培评价他“以清正廉洁著”。

张志鹤工作勤奋，是个不折不扣的实干家。他不计名利，常常当幕后英雄，默默无闻工作几十年。他除了当一把手外，更多的是当助手、当配角。黄炎培当川沙小学校长时，他当副校长；黄炎培当浦东中学校长时，他当副校长；黄炎培当《川沙县志》主纂时，他当协纂，实际他是全盘负责；李平书在南京当民政司长时，同时兼任上海民政总长，故长驻上海，张志鹤则在南京当民政司长助理，帮李平书处理日常事务；杜月笙当浦东同乡会会长时，他当理事兼会务主任，实际长期负责处理日常事务。由于张志鹤德高望重、众望所归，政府或民间团体聘任他担任各种委员、理事、顾问等更是多得不可计数。

张志鹤多才多艺，能诗善文，数理、音乐、美术无不精通。著有《我生七十年的自白》《劫余录》诗集《晚嘤集》等。

1931 年，张志鹤被选为浦东同乡会理事。1933 年，被推举为浦东同乡会会务主任，连续任职 20 年。1950 年，张志鹤年逾古稀，被聘为川沙县生产救灾委员会委员。1953 年，被聘为上海市人民政府文史馆馆员。1963 年逝世，享年 84 岁。

一个人一生，如果能为家乡做一件有重大影响的事，就可流传后世。象张志鹤这样的人，应该为他树碑立传，彪炳千秋。

虎父无犬子。张志鹤儿子张在森在抗日战争中为国捐躯。1937 年抗日战争爆发，热血青年张在森再也坐不住了。1938 年 5

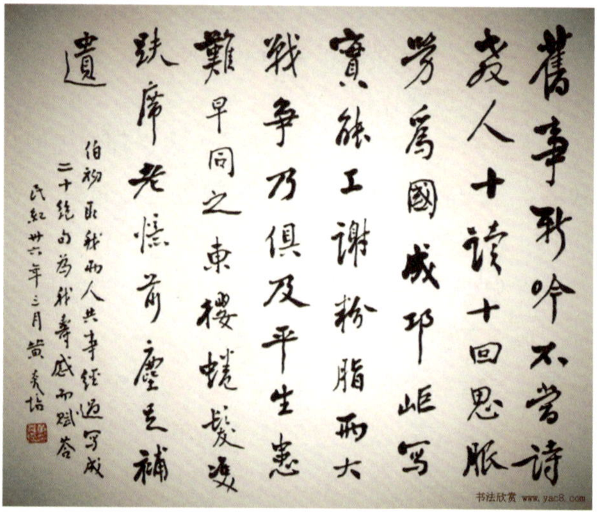

黄炎培写给张志鹤的诗

民国时期的张志鹤

月，十五岁的张在森背着父母弃学离开上海，奔向抗日。张志鹤在《我生七十年的自白》中写道："五月一日，幼儿在森，晨出迄晚未归，检其衣物用具，悉已远走。此儿平日志在杀敌从戎。惟年稚，恐为父母所阻，故不告而行。"20 日突然来到武汉黄炎培家中，黄感到十分惊讶，询问来意。张慷慨激昂：我同学纷纷战死，我为国，我为友，义当从军杀贼复仇，望能够先入军校。不久张在森以第二名考入设在成都的中央陆军军官学校。

黄炎培每次到成都必去看他。交谈中得知，学校每次考试，在森总是名列前茅。1941 年 1 月，张在森从学校第十六期炮兵科毕业，被派往江西上饶地区，编入战斗部队。去江西路过重庆时，张在森还去看望过黄炎培。

1942 年 9 月，国民党军队与日寇展开金（华）衢（州）会战，战况异常惨烈。张在森率领迫击炮排参加金衢会战，开始受挫后退，后反攻收复江山、衢州、龙游，并与日军对抗于金华城郊白龙桥。9 月 25 日中秋之际，不幸被绝对优势敌人所包围，突出重围已无希望。最后弹尽粮绝，为了不被日军俘获，上尉排长张在森毅然举枪自尽，殉国时年仅十九岁。

从此三年杳无音讯。张志鹤在《我生七十年的自白》中写道："苦念森儿久无消息，已逾三年。在作战时，行踪无定，戎马倥偬，不遑通讯，犹可说也。" 直到 1945 年收到政府抚恤公文，才知张在森已经战死沙场，为国捐躯。张志鹤惊闻噩耗，悲痛欲绝，在家乡天长公墓为其购置衣冠冢，以志纪念。黄炎培在《国殇张在森君传》中写道："君之死，以不肯被俘受辱，苦战至最后一分钟，引枪自杀于秋宵皓月之下……"

张在森投笔从戎、舍生取义的壮举，与父亲张志鹤的教育培养分不开的。屈指算来，张在森为中华民族捐躯已经六十多年，而在世仅仅十九年。为了中华民族的兴旺，大义凛然，引颈就义，他永恒地成为浦东人民最可敬最可爱的人。

工人领袖 红色人生

杨培生（1883—1927），又名杨嫩枝，上海市川沙人。

杨培生的父亲杨喜乃，为晚清的秀才，以办私塾为业，养活全家。杨培生没有上过正规学校，只是小时候在父亲身边读过几年书。1906 年进入上海启昌机器厂当钳工，受尽凌辱和苦难，却也磨炼出一套他日后赖以为生的钳工手艺。后来，杨培生以良好的技术进入浦东祥生铁厂。在祥生铁厂，杨培生凭着娴熟的技术被厂方提升为领班，俗称工头，并有了一份较为稳定的收入。领班的社会地位并没有把他与工人群众分割开来，相反，杨培生正是利用这一特殊身份，在工人群众中进行合法活动。加上他为人正直，处事稳重，热心助人，很快团结了为数不少的工友。他老成持重，遇事办法多，工人们亲热地叫他“赛诸葛”。

杨培生是上海早期工人运动著名领导人之一。1925 年 5 月 15 日，发生上海日本纱厂日籍职员枪杀顾正红事件，激起了杨培生和祥生铁厂工人的无比愤怒。他们不但在祥生铁厂内，而且到附近的英美烟厂、日华纱厂奔走宣传，揭露帝国主义在上海横行霸道的罪行，激发起工人们的爱国热情，鼓励工人参加罢工斗争，投入“五卅”反帝爱国的洪流。6 月，杨培生入党，成为祥生铁厂最早的共产党员。上海总工会和上海祥生铁工厂总工会相继成立后，他被选为“上总”委员和“铁工总”委员。他曾去江南造船厂组织领导工人运动，筹建工会组织，开办浦东平民夜校，和教员一起，运用上文化课、识字、讲故事、文娱活动等形式宣传革命道理。

1925 年秋冬，杨培生在中共浦东部委员会负责组织工作，又兼任祥生铁厂党支部书记。他广泛联络各厂党组织和工会组织，发展工人积极分子入党，扩大工会影响，动员平民夜校学员参加武装纠察队的军事训练。为配合北伐战争，积极在浦东地区做好武装起义的准备。

1927 年 3 月，祥生铁厂工人积极参加了上海工人第三次武装起义。为了秘密工作方便，改名为杨嫩枝。第三次武装起义胜利后，上海金属总工会成立，杨培生被推选为主任，同时被选为上海总工会副委员长。蒋介石在上海发动“四一二”政变，上海总工会委员长汪寿华惨遭杀害，杨培生代理上海总工会委员长，领导上海工人与反动派作斗争。1927 年 4 月 22 日，中共中央机关的一批工作人员和上海工会干部，化装成各行各业人员，夹杂在人群中，登上了上海驶往汉口的轮船。杨培生也是这批神秘的旅客之一，作为上海代表，前往武汉参加即将召开的中共第五次全国代表大会。杨培生他们到达汉口，受到湖北省总工会及国民党湖北省党部、省农民协会、妇联、学联等团体的欢迎。湖北的同志举行隆重的欢迎仪式，杨培生作为上海总工会代表应邀出席，会上他结识了段德昌。当时，段是国民革命军第三十五军第一师政治部主任。段德昌称赞上海工人在“五卅”和“三次武装起义”中作出的革命贡献，殷切希望上海同志介绍斗争经验。会议气氛异常热烈，杨培生深为感动，他即席发言，向到会的各界人士汇报了上海工人阶级和敌人进行斗争的历程，并诚恳感谢湖北工人兄弟在上海工人斗争最艰苦的时刻给予的经济援助。

坐落于川沙烈士陵园的杨培生雕像

杨培生在中共第五次全国代表大会上，被选为中央候补监察委员。这时候汉口的革命形势也发生了变化，国民党领袖不少人都急速地向右转，短时间内，就接连发生了夏斗寅叛变、许克祥马日事变。中共中央指示部分负责干部回到有群众基础的东南各省恢复工作。杨培生当即秘密赶回上海。因此未能出席即将召开的第四次全国劳动大会，但仍被大会选为中华全国总工会执行委员。

杨培生回沪后，立即和张佐臣一起，投入恢复上海总工会的工作。6 月下旬，中共江苏省委成立，他任省委执行委员，这时党和工会工作都已转入秘密状态。原来的干部有的被打散，有的牺牲，有的被捕。杨培生外出活动，有很大的危险性，何况他是被敌人通缉已久的“要犯”！有人劝告他说：这种要杀头的事，让那些没有家眷的青年去干吧，你是 40 多岁而且有妻子儿女的人，万一有个好歹，家里如何交代？杨培生不听这些劝告，不愿离开上海到外地亲戚家避难。他的妻子有时也免不了要埋怨。他耐心地劝导安慰妻子说：“我们有工人兄弟撑腰，闯遍天下也吃不了亏”。为了避开敌探注意，他改名嫩枝，以家庭作掩护，要妻子带着幼子，从浦东搬到四川北路横浜桥附近的上海总工会秘密机关居住。他把其余孩子留在浦东，让他们自己照料自己。妻子有些犹豫，杨培生动员她说：“干我们 这种工作，天南地北都是家。别人连头都砍掉了，我们老牵挂着家像什么话。一个人能为工人解放多做些事，打倒了反动派，让大家安居乐业，不就是顶好的事吗？”当时，杨培生工作、生活十分艰苦，以致积劳成疾吐起血来了。妻子在他那忘我精神的影响下，也默默地为丈夫分担了一些工作。

1927 年 6 月末，上海总工会设在四川北路横浜桥和溧阳路附近的两个秘密机关先后被破坏。这天下午，杨培生和张佐臣在机关召集下属工会组织会议，事前安排妻子抱着孩子在弄堂里“望风”。突然，一个明显是熟悉地址的家伙带着警探迅速包围了会址。这时，杨培生妻子报信已来不及了。警探抢先冲进房间，杨培生、张佐臣等六人不幸被捕。他们先被押送狄思威尔路（今溧阳路）巡捕房，当晚又转押枫林桥国民党警备司令部军法处。

审讯期间，杨培生、张佐臣均以化名应付。但因叛徒指认，身份暴露，一切营救措施都没有效果。杨培生平静地向难友们说：“我们既被捕，只有死而已，诸同志宜各努力奋斗。”1927 年 7 月 1 日，这位坚强忠贞的共产党员、上海工人拥戴的群众领袖杨培生，和张佐臣肩并肩走向刑场。临刑，他们“神色自若，高唱《国际歌》，观者无不为之动容。”

杨培生牺牲后，党组织通过济难会，及时派人救济，安顿了他的家属和子女。烈士遗体，由祥生铁厂工人设法运回川沙安葬。

祥生铁厂车间

新中国成立后，人民政府将其遗体移葬到川沙烈士陵园，供后人永远纪念。

杨培生将一腔热血洒献给了中国的革命事业，说来也巧，他牺牲的这一天，后来成为中国共产党诞生的纪念日，这也许是我们党对这位忠诚儿女最好的褒奖。

营造钜商 品德高尚

张毅（1883—1936），字效良，浦东川沙镇人，上海滩著名的营造商。父亲张子香锯木出身，清光绪七年（1881）在南市董家渡开设福隆久记木行，颇具规模，后成为上海知名木行之一。张效良十多岁时就协助父亲的学生朱吟江（后成为上海木业巨子）经营木行，与建筑界建立了密切的联系。光绪二十五年，十六岁的他开始以“久记”的名义独自承包或参与承包工程。工作中，他深感知识的重要，故每周几晚攻读建筑技术和英文，数年不辍。光绪三十二年，他追随上海近代建筑业的创始人杨斯盛，捐资组织上海水木公所。宣统元年（1909）当选为水木公所董事。

20 世纪 20、30 年代，久记营造厂在上海承建了各种类型的工程，比较著名的有中汇银行大厦（新中国成立后为上海博物馆）、东方旅社（现市工人文化宫）、大上海电影院、广慈医院、模范村住宅群、公和祥码头、其昌栈以及棉纺织系统在杨树浦的一批厂房。民国十四年（1925），张效良以其雄厚的实力为新金记营造厂建造江海关大楼作保，后又为丹麦籍康益洋行承建钱塘江大桥作担保，成为沪上著名建筑商。民国十五年 4 月，张效良和公利工程公司的顾道生首次合作，翻建遭火灾损毁的城隍庙大殿和

张效良承建的东方旅社（现为上海市工人文化宫）

九曲桥，工程由顾设计制图，张效良负责施工，外观仍按中国古典建筑样式，材料全部采用钢筋水泥。

张效良除了经营建筑业外，在房地产业、木业等其他领域都颇有成就。除了业主指名非要他承建的工程外，他很少参加投标竞争，因为有大量的房地产为其后盾。民国二年，他还和朱葆三、乐振葆等投资创办和兴钢铁厂（今上钢三厂前身），生产的竹节钢可与进口钢材媲美。上海的海关大楼、沙逊大厦和南京中山陵等重大建筑工程都采用该厂出品的钢材。

张效良自清宣统三年起直至逝世，一直是上海市建筑界的领头人物。宣统三年他被选为上海市水木公所董事长时，年仅 28 岁。民国十九年水木公所改组为上海市营造厂同业公会，上海帮和宁绍帮等建筑帮派实现了大联合，他被同业推为主席委员。清光绪三十四年，张联合顾兰洲、江裕生等前辈捐资创办水木公学（后改名通惠小学，今马当路小学），同业子弟均可免费入学；另外和张继光等共同创办水木医院、营造山庄，解决工人的伤病和亡故后事。民国十九年，以陶桂林、杜彦耿、汤景贤等为首的一批年轻建筑专家拟组建上海市建筑协会，研究西方先进的建筑技术，振兴中国建筑业。张效良积极扶持，在同业公会内部做了大量的解释说服工作，使该协会得以顺利成立。民国十七年和民国二十年，上海市两次举办住房、商业用房标准图案设计有奖竞赛，张效良和著名建筑师董大酉一起应政府之邀主持评判图案委员会。民国二十五年，中国建筑展览会在上海举行，中国建筑界名人云集，张效良被推举出任副会长。

除经营建筑外，张效良十分关心国事，热心公益。1925 年“五卅”运动中，张主持的水木公所连续在《申报》上发表抵制日货的声明，号召建筑界“万众一心，坚持到底”，并在上海一家英文报纸上以个人名义发表文章，宣扬正义，又派人到学生总会捐款以示支持。民国二十年秋，长江水灾严重，难民聚集上海，张冒着酷暑实地察看灾情，提出抢险建议，并慨出巨款在云南路同仁辅元堂内搭建大批木棚收容灾民，以身作则发动同业赈济灾区。民国二十一年“一·二八”事变，张效良亲赴第一线，亲自指挥久记营造厂员工在一星期内为十九路军建造了二十多座桥梁，解决了中国军队运输线的燃眉之急。后又在发生过抗日血战的庙行发起建筑无名英雄墓，以纪念为国捐躯的将士。

张效良承建的中汇大厦

“温良恭俭让，天下可通行”，是张效良的信条。华盛烟草公司陈楚湘的父亲曾有六万元放在张处，此事陈先生并不知晓。在陈楚湘的父亲去世时，张效良前去吊丧，把 6 万元当面交递陈楚湘，陈十分感动，从此华盛烟草公司的建筑工程都交由久记营造厂承建。1933 年，为建造延安东路浦东大厦（即浦东同乡会会所，20 世纪 90 年代因延安东路高架工程而拆除），张效良主持 " 建筑会所专门委员会 "。大厦落成，因张效良捐款最多和他在社会上的威望，乡人倡议在会所内设“毅厅”以示敬仰，张力加谦辞，主张更名为“鲁班厅”。

1936 年 6 月 1 日，张效良感到胸部疼痛，前去中国红十字会医院看病。他经常为该会捐款，还是该会的董事，与医院院长颜福庆十分熟悉，但他不愿暴露身份，不要特殊照顾，照章挂号就诊，坚持自己步行登楼，结果因心脏病骤发去世，年仅 54 岁。次日，《申报》以“营造木业钜商张效良昨晨逝世”为题发表消息，8 月 29 日举行追悼会，当时的上海市市长吴铁城送了花圈和挽联。上海知名人士黄炎培、沈钧儒、王晓籁、杜月笙、李大超等与实业界、建筑界七千余人出席。

艰苦创业 奉献家业

连宏生（1889—1945）是著名的“中华老字号——上海连长记体育用品商店”创始人，浦东川沙人。

连宏生1889年5月13日出生于川沙镇城东连家宅67号，从小家庭比较贫困。为了生计，他十三岁学木匠。满师后，就在上海宁波路自己开了木匠铺。有一次，有位外国朋友拿了一只坏了的网球拍要求修理。作为木匠的连宏生，对修理网球拍很陌生，一窍不通，但他仍然很自信地接受了这笔修理业务。连宏生细心琢磨，旧网球拍上的羊肠线断了，要更新，他踏遍上海滩寻找……好不容易在一家店铺买到了国产羊肠线。回来后，他学着穿棕棚的方法精心修理，把网球拍修旧如新，如期交给了那位外国朋友。顾客满意地付了丰厚的酬金。连宏生从此扬名，前来修理球拍的人多了，连宏生木匠铺也承接网球架、网球拍的修理业务。

由于附近居住的外国人较多，修理球拍的业务日益增多，生意颇好，他做了一年后，发现修理球拍生意和木匠生意差不多，便萌生了改行做球拍修理业务的想法，得到了朋友、家人的支持。宣统元年（1909）在木匠铺原址（宁波路1号）“连长记球拍号”正式开张了。据《上海通志》《上海市志》记载：“上海市第一

连宏生故居

家体育用品商店——连长记球拍号于 1909 年创设。”连宏生发挥他自己的专长和特色，实行前店后工场的经营方式，自产自销，以卖带修，主营网球架、球拍、球、网，兼营修理。由于经营得法，服务周到，业务范围不断扩大。

1912 年，他扩大店面，更名为“连长记体育用品商店”（今上海体育用品总店）。经营范围拓展到各种球类、田径用品、体育器具、场地设备、体操器材和运动服装等体育专业用品。并且继续承接修理业务，还独家经销英国史雷成厂的网球、网球拍。

20 世纪 30 年代初，“连长记体育用品商店”有了相当规模，在爱文义路小沙渡路（今北京西路西康路），又开设了工场，生产兼修理球拍、球网、网球架、运动服装、皮猎装等。“连长记”品牌的网球、网球拍、运动服装不仅销售全国各地，而且远销泰国、印度和南洋群岛等东南亚地区。

随着业务的不断发展，1935 年 4 月，连宏生又在霞飞路（今淮海中路 29 号）开设分号，取名为“全国体育用品商店”。

1937 年，上海“八一三”淞沪抗战爆发，连宏生号召“连长记”名下的所有商店、工厂、码头通过上海市民地方维持会及中国红十字会，多次向抗日的中国军队捐献钱、物。

1942 年 10 月，连宏生与人合伙，在静安寺路（今南京西路）1619 号开设分店，店名为“三元运动器具公司”。商品均由连长记一家供货。是年，全上海其他三家体育用品商店和众多的文具店、烟纸店，销售的乒乓球、象棋、扑克牌等也都由连长记供货。期间，连长记曾出版各种球类比赛规则和羽毛球、乒乓球、拉力器等使用说明、技术常识说明的小册子，作为广告，免费向全国各地发送，扩大影响。

1945 年 8 月 21 日，工作劳累的连宏生突患脑出血，经医治无效去世，享年 56 岁。他临终前念念不忘事业，嘱咐家属和子女开好店，还叮嘱不要计较资产，这些资产都是许多客户给的……

全国第七届运动会于 1947 年在沪召开，为表彰连宏生在抗战时捐献大量财物，表彰他为体育作出的贡献，有关部门指定“连长记”供应全部场地设备和比赛用品。

1956 年，国家实行工商业对私改造，连长记商店、公司实行公私合营，迁址南京东路 160–166 号，与大强体育用品商店合并为“连长记体育用品商店”。以后，设在四川路上的运动器具、渔猎商店和广东路上的华洋体育用品商店一起并入连长记体育用品商店，成为全市最大的一家体育用品商店。连宏生的家属和子女遵照连宏生的遗嘱，响应国家号召，把所有商店、企业、三幢石库门的职工宿舍房奉献给政府，不拿一分定息、股息，子女们只作为普通职工，参加工作，使社会主义工商业改造工作顺利进行。

1958 年，连长记体育用品商店在广东路 451 号开设球衣工场，生产运动服装。市属、各区县体委、少体校等单位所需的运动训练服装均由球衣工场供应。

1966年，“文革”开始，“连长记体育用品商店”改名为“上海体育用品商店”。渔猎用品被停止销售，运动服装式样、服色单调，以至业务下降。

1970年，体育用品商店发展锦纶线批发业务，营业额逐渐上升。金陵东路的东海体育用品商店（原名“联合”）并入，更名为“上海体育用品商店器材门市部”。渔猎用品恢复经营，运动服装更新换代，花式品种不断出新，质量好，面料薄而富有弹性的氨纶体操服装、游泳衣深受顾客欢迎。1978年，喀麦隆国家体育代表团为参加全非运动会，专程来店定制一批入场式服装和比赛服装，商店按质如期完成，受到客人的赞扬。

1984年，器材用品市场部恢复老店名“连长记体育用品商店”。实行独立核算，并先后在四川中路、广东路开设渔猎用品、运动

连宏生体育用品展览馆

服装分店。

1988 年 10 月，商店经过装修，又更名为“上海体育用品总店”，各分部改称为“分店”。它是全国最大的体育用品专业商店，也是上海最大的体育用品专业特色商店。

连宏生的商店

在上海体育用品总店发展史上，连宏生先生毕身艰苦创业，奋力拼搏，与时俱进，奠定了基础，写下了光辉的篇章，《上海市志》《上海通志》都有专述。连宏生先生在事业有所发展时，就惦记家乡的父老乡亲，安排就业，主动出资修筑村里的道路、桥梁，还热心社会公益事业，慷慨解囊，每年赞助村里的城东小学办学等彰显他淳厚的为人之道。

连宏生先生还在上海、南京、杭州、武汉、天津等地兴办了 5 个码头。在杭州创办了一家制冰厂，对发展民族工业很有贡献。

近年来，连宏生的女儿连金文等，投入多年的积蓄，把连宏生故居 4 厢房的 400 平方米老宅进行了修缮。老宅修复后，子女们愈加怀念先父，他们进而萌发了一个心愿，把老宅筹办“连宏生体育用品博物馆”，他们决心用这种方式缅怀先辈的事迹、纪念父辈的业绩，后辈也可从中获得更多教益。

2015 年 8 月 17 日，上海市人民政府“沪府（2015）57 号文件，将连宏生民宅列为上海市第五批优秀历史建筑，予以保护”。

著书立说
自成一家

沪上中医界流传着这样一段佳话。

20 世纪 40 年代，苏北革命根据地缺医少药，伤病困绕着根据地军民。新四军医务人员在阅读了陆渊雷的《伤寒论今释》《金匮要略今释》等著述后，得益匪浅。陆氏理论通俗易懂，切合实际，从中他们找到了利用当地中草药治病的途径；又以陆的著作为教材，培训出许多医务人员。因此当革命成功，上海解放之时，来自苏北的上海军管会领导没有忘记陆渊雷的贡献。五月末的一个下午，在上海牯岭路一幢幽静的石库门房内，他们拜访了正在悬壶济世的陆渊雷。

如今陆渊雷离开我们整整六十一年了，故乡川沙镇那条印满他童年屐痕的弹石街，也早已成为高楼大厦的基石，然而陆渊雷的故事依旧不能忘怀。

陆渊雷 (1894—1955)，别名彭年。1894 年出生川沙镇。自幼聪慧好学，记忆过人。少年时代师从朴学大师姚孟醺治经学、小学，遍览诸子百家，工书法、金石，对于天文历算造诣尤深。

民国元年 (1912)，陆渊雷就读江苏省立第一师范学校。毕业后先后在武昌高等师范学校、江苏省立师范学校、国学专修馆、暨南大学、持志大学、中国医学院等处任教。授课之余阅读大量医书，研究中医各家学说。民国十四年恽铁樵创办医学函授学校，陆渊雷拜恽为师，协助办校事宜。

在研究祖国传统医学的过程中，陆渊雷受西方近代医学影响，提倡中西医融会贯通，主张中医应该积极吸收西医学说，并在临床和研究中身体力行。民国十八年陆渊雷与徐衡之、章次公创办上海国医学院，以“发皇古义，融会新知”为办校宗旨。聘请章太炎为校长，陆自任教务长，亲自制订教学大纲，将理化、解剖等西学课程列入教育大纲。另外自己编写《伤寒论今释》《金匮要略今释》等教材，亲自任课讲授。《伤寒论今释》《金匮要略今释》两书以近代西方医学理论评述中医经典，不乏独到见解，有令人耳目一新之感。虽然医学界褒贬不一，但对陆氏勇于创新的精神，大多表示肯定：给古老中医注入了向前的动力，看到了中医学发展的方向。

可以说《伤寒论今释》是陆渊雷最主要的医学著作，凝聚着他对张仲景学说的深刻理解和深入浅出的阐述。书中综合前人注疏，参考今人学说，用较浅显的文字予以分析、归纳和诠释，选注精要恰当，并试图用近代西医学理论加以融会贯通，不失为颇具价值的中医学理论新著。

民国二十一年起，陆渊雷在上海牯岭路 145 弄内开业行医。临床以西医方法诊断疾病，运用中医经方治疗，取得了较好的治疗效果。在临床实践中，陆渊雷擅长治疗伤寒等流行性热病和慢性肝炎、肿瘤等难治病症，因而慕名前来求医者甚众。期间，应各地学者之请，陆渊雷创办起“遥从部（函授部）”，函授中医理论知识，报名参加者甚众，学员遍及国内与南洋诸地。1933 年前后，陆渊雷担任中央国医馆学术整理委员会委员。1934 年，创办《中国新生命》杂志，自任主编。

1950 年，陆渊雷创办中医进修学校。其后历任上海市卫生局中医顾问、上海市中医学主任委员、中医门诊所所长、上海市卫生工作者协会副主任委员、中国红十字会上海分会理事、上海市科学医学研究会副主任委员等。1954 年，受委托主持编纂中医学教材。同年当选第一届全国人民代表大会代表。1955 年，担任上海中医学院筹备委员会主任委员。正当陆渊雷勾画上海中医学院蓝图之际，因患肺气肿导致心脏衰竭，不幸于 6 月 1 日与世长辞，年仅 61 岁。

陆渊雷长期致力于中医临床实践与中医理论的教学研究工作。一生著述颇丰，成为沪上一代中医名家。除《伤寒论今释》《金匮要略今释》外，另著有《陆氏医论集》《中医生理术语解》《中医病理术语解》《流行病须知》《伤寒论概要》《脉学新论》《舌诊要旨》等一批中医学著作，从而自成体系，自成一家之说。

陆渊雷在祖国医学事业上的主要贡献是：提倡中西医学融会贯通，主张中医应吸收西医先进的科学技术，并亲自在临床上加以实践创新，取得了令人瞩目的成绩。可以说，陆渊雷是中医、西医相结合的提倡者实践者，更是祖国中医学事业的捍卫者。

1928 年，在与废止中医派的代表人物余云岫、汪企张等人论争中，陆渊雷在各种医学刊物上发表数十余篇文章，并在《金刚钻报》上开辟“小闲话”栏目，连篇累牍地发表有关中、西医学的见解和评论，与余云岫等“废止中医派”作针锋相对的斗争。人们赞誉其论“乃渊博而雷声”，被推为“中医界之打手。陆渊雷在《医界春秋》第 3 期 发表《西

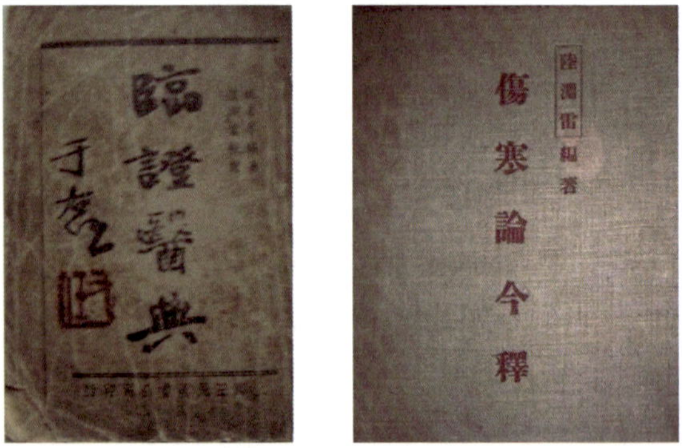

陆渊雷医著《临证医典》《伤寒论今释》

位于张江高科技园区蔡伦路的上海中医药大学

医界之奴隶派》，被称为抨击余云岫等的重拳，文字尖刻，对“奴隶派的西医”大加攻击和讥讽：“现在有少数的西医飞扬跋扈，不可一世，好像要把中医一口气吞得的样子。如今这些少数西医拼命地要消灭中医。他们自己是中国人，所用的武器又是中国文字，所要消灭的又是中国医学。”

斯人已逝，然而川沙人陆渊雷无论在祖国传统医学理论上，还是在培养中医人才上所作出的贡献为人所铭记。

陆渊雷的学生、川沙中心医院退休中医师闵志华在 1992 年回忆时说，“陆先生中西医理论无不通晓，又有独到见解，阐述病理、药理极其清晰。听别人的课时同学们常常要打瞌睡，而先生的课却引人入胜。先生身高 1.65 米，待人和善，吃素信佛。”

当年，陆渊雷所主持筹建的上海中医学院，也早已桃李芬芳，升格为上海中医药大学。2006 年，上海中医药大学从浦西迁址浦东。今天，当你站在位于张江高科技园区内的上海中医药大学门前，是否还会想到出身浦东川沙的中医大家陆渊雷与中医药大学的渊源？可以毫无疑义地这样说，陆渊雷在中医传统的“师徒传授”教学方式，向现代学校教育方式的转变过程中作出了建设性的贡献。

妙手天成 鸿翔沪上

金鸿翔（1894—1969），浦东川沙孙小桥人。1907 年，13 岁的金鸿翔进入中式裁缝铺当学徒。后因中途变故，改拜当时上海滩知名红帮（西式）裁缝张凤岐为师，改学西式服装手艺。

有关金鸿翔的师傅张凤岐和张凤岐自己师傅的故事有许多颇为神奇的传说。19 世纪末的一天下午，一位年轻的修女走出董家渡天主教堂大门，穿过冷冷清清的小巷，转入一条悠长狭窄的小弄后，站在了一家中式裁缝铺前。修女在裁缝铺门口的出现，惊动了年轻小裁缝。他连忙放下手里的活计，赶紧迎接。不料修女进屋说出的一番话，让小裁缝惊讶不已。她说，她今天不是来做衣裳，她是来教人做衣裳。上海太缺少能够缝制西式服装尤其是女式西服的裁缝，现在来到上海的外国商人和传教士越来越多，他们需要西服。我虽然会缝制西服，但是不能成为我的职业，所以我想不如将我的西服技艺传授给你。告诉我，年轻人，你愿意学吗？小裁缝疑惑地望着修女慈祥的面容，一时手足无措。他嗫嚅着嘴，问修女为什么要无偿将这门技艺教给他？修女温和地说，想必你在怀疑为什么一定要传授给我？不瞒你说，我了解这一带裁缝铺的情况，我知道你待人和气，做人本分，刻苦肯学。就这样，来自董家渡天主堂的修女成了小裁缝学习西服技术的老师。小裁缝叫赵春兰，川沙唐墓桥人。凭着他的聪明刻苦和老师的细心传授，赵春兰逐步掌握了缝制西服的技艺。

赵春兰学成后，带了奚阿根和张韵洲两个徒弟。两人学成后，又各自在虹口、南市开设了西式裁缝店。张韵洲又将这门技艺传给了儿子张凤歧。张韵洲告诫儿子，希望他以后也能将这门技艺，传授给值得你信赖的徒弟，以此告慰祖师。父亲所指的祖师，就是那位董家渡天主堂修女。

时过境迁，当张凤歧开始考虑再传这门技艺于徒弟的时候，首先想到的是出身浦东川沙孙小桥的徒弟。回想三年前的一天，刚开店门，张凤歧的一个朋友领着一位少年出现在他面前。朋友告诉张凤歧，少年是浦东同乡人，父亲在上海美华书馆当刻字工人，母亲在家种田。小家伙在一家中式裁缝店当过一年学徒，不巧那家中式裁缝店关了门，他父亲托我为他再找家裁缝店继续学手艺，我想让你收他为徒弟。说到这里，朋友加重语气说："小家伙用心，肯吃苦，人聪明。"

张凤歧是一个非常自信的人，当时，他曾对朋友说，我同意收下他，不是因为你将他介绍得"花好稻好，样样好"，而是我一眼看出他的面相好，是块"料"。

1914 年，金鸿翔学成满师，前往哈尔滨跟东北师傅学习设计制作冬装，尔后辗转海参崴学习俄式服装制作技术。此时，他在西服制作方面已具备开阔的视野和精湛的技艺。

第一次世界大战爆发后，金鸿翔返回上海，在悦兴祥西服店任西服制作技师，一边进一步研修技艺，一边学习服装营销知识，夜晚还常常去夜校学习英文。此时，学贯中外服装技艺的金鸿翔逐渐萌生开设一家新型女子时装店，闯出一条中国服装发展新路的念头。

民国六年（1917），金鸿翔听说静安寺路（今南京西路）683

鸿翔公司店招飘动在南京路上

号张家花园旁有一处三开间门面房要出租，便前去洽谈。房东提出每月租金 25 块银元，租期 15 年，并且得先交 600 块银元保证金。金鸿翔觉得房东所提条件虽然十分苛刻，但是此处地段确实非同一般。觉得机不可失，时不再来。于是当机立断，四处筹资。除自己有点积蓄外，向亲朋好友借了 300 块银元，拼凑满 600 块银元，终于租下了南京西路的门面，在上海滩创办了第一家由中国人开设的西式服装店。

为店铺冠名时，金鸿翔颇费了一番心思，最后定名“鸿翔”二字，寓意“鸿运高照，飞翔全球”。令人称绝的是，在挂出的店招里除了中文名之外，还有英文名“Dong Zang Ladies Tailor

Shop”。中英对照的店招取名方式在当时上海滩众多裁缝铺中堪称奇招。据说，金鸿翔此时还叫金毛囝。后来因为鸿翔创出了牌子，出了名，才干脆把自己的名字也改名鸿翔。

创业总要走过一段艰苦奋斗的路程，鸿翔服装店也不例外。初创期间，只有金鸿翔、胞弟金仪翔和两位工人。白天，金凤翔走出店门在外面揽“生活”。每到夜里，他有时检查缝纫质量，有时苦心研究设计服装款式，揣摸人们对于服装款式的喜好，总想着如何才能使鸿翔做出的服装在上海滩不断出新独树一帜。

有一天，一位摩登女子来到店里，从包里拿出一本杂志，指着上面照片上女子的时尚服装，要求按样定做。接待师傅面露难色，一时拿不定主意。金鸿翔见了，一口答应，并亲自设计制作。后来女子对金凤翔制作的服装十分满意，感觉比杂志上的更加新颖时尚。这时她才说，在来鸿翔之前，已经去过多家服装店，但是没有一家愿意接她的活。后来得知这位女子是汇丰银行一位高级管理人员的千金、上海滩社交界的名媛。试想在当时，仅凭杂志上的一幅照片为社交界名媛设计制作令人满意的时新服装，其广告效应可想而知。从此鸿翔时装在上海滩渐渐出名，业务日益拓展。

1928 年，金鸿翔盘进升发时装公司，改名“鸿翔公司时装部”，即后来的鸿翔时装公司。同时翻建了楼房，扩大了店面。金鸿翔一跃成为中国女子时装的创始人。1932 年，又在西藏路开设分店，后迁往南京东路 750 号，即鸿翔时装公司（东号）。那年月，能在中华商业第一街上同时拥有两家“高大上”的服装公司，可以说是绝无仅有，但是金鸿翔做到了。

为了紧跟时代潮流，金鸿翔以高价订阅法国、美国时装刊物，聘请犹太设计师，引进国外流行款式，从而使鸿翔服饰与时俱进，引领潮流。他要求店员学外语，用外语接待国外顾客，为顾客当好参谋。公司从来料、设计、制作，到成衣出售，形成一条龙服务模式。他开创立体裁剪法，成衣贴体不走样，获得“天衣无缝”

之美誉。业内人士甚至把这一时期称为“鸿翔时代”。

1935 年 11 月，“电影皇后”胡蝶与商人潘有声成婚。金鸿翔知晓后，按胡蝶身材特点和她喜爱的颜色，设计制作了一件缎底为白，面上精工刺绣 100 只蝴蝶的结婚礼服“百蝶裙”相赠。在结婚典礼上，胡蝶穿上鸿翔公司的“百蝶裙”，光彩照人，美艳夺目，四座来宾无不称奇，从而成就了鸿翔服装品牌营销的又一段佳话。

鸿翔公司还将目光投向国外。1946 年，英国女王伊丽莎白二世即将大婚，金鸿翔闻讯后，意识到这是一个绝好的营销机会，立即精制一件大红绣金线短袄和一条绣金线百褶裙相赠。当女王收到来自中国上海的礼物后既惊讶又高兴，嘱托英国驻沪领事馆转交由她签署的印有白金汉宫字样的答谢帖。金鸿翔将答谢帖置放在公司门面橱窗中最显著的位置展出。一时引得众人驻足观看，上海滩大大小小报刊纷纷报道此事。“金剪之王”“女服之王”等溢美之词扑面而来。

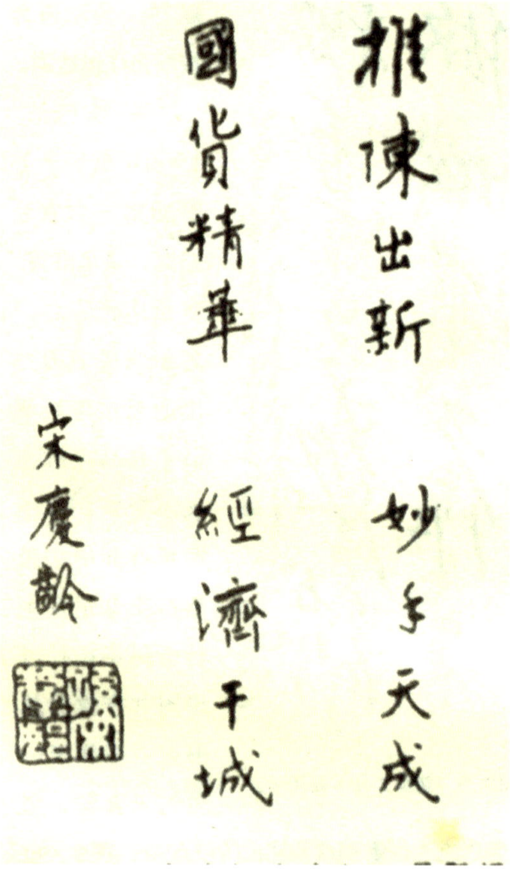

宋庆龄为鸿翔时装公司题词

鸿翔时装出名后，赢得社会各界关注。周瘦鹃、严独鹤、郑逸梅等一批文化名人纷纷撰文评论其品牌。蔡元培为鸿翔公司挥笔题词“国货津梁”。“国母”宋庆龄赠墨：“推陈出新，妙手天成，国货精华，经济干城。”

说到宋庆龄，川沙民间还保留着这样的传说。一次，川沙镇上一位大家闺秀出阁（嫁），指名要金鸿翔师傅为她制作一件新式而别致的新娘礼服。当时金鸿翔从一张照片上看到慈禧太后穿的那件直筒式满族女袍而获得灵感，制作了一件大红织锦缎、凸显身材曲线的新式女袍。婚礼上，新娘子穿上这件新式礼服，人人称赞，出足风头。这件事还惊动了一对中年夫妻。丈夫叫宋耀如（宋庆龄父亲），1886 年受美国基督教卫理公会的派遣，在上海川沙传教。妻子倪桂珍，出身川沙东门倪家宅。倪桂珍得知镇上裁缝店有个小裁缝会做新式女袍，拉着丈夫去看个究竟。那天金鸿翔按照师傅吩咐，做了一件翡翠色织锦缎女袍挂在店堂内做样子，正巧被倪桂珍一眼看中。宋耀如赞不绝口：“夫人如果你穿上这件新式衣服，一定会更加端庄漂亮。”倪桂珍更是十分满意：“我喜欢这件改良式旗袍！”说者无心，听者有意，金鸿翔和他师傅听到“旗袍”两字，不约而同地叫起来。从此这由满族女袍演变而来的汉族女式服装就有了“旗袍”这个正式名称。

从 20 世纪 30 年代起，金鸿翔长期被推举担任上海时装业同业公会理事长。1952 年起，因病不能从事繁重的工作而退居二线。企业公私合营后，担任上海市服装鞋帽公司顾问。1969 年，金鸿翔去世，享年 75 岁。

医学女博
造福妇幼

朱昌亚（1806—1994）是民国《川沙县志》学位卷所列两位博士之一，是川沙县有文字记载的第一位女博士。

朱昌亚生于川沙镇北部盛朱村（今曹路黎明村），濒于长江南缘海口，离镇市较远，经济相对落后。父辈为摆脱贫困，除种田之外兼营作坊、小店，或外出谋生。后来朱昌亚的父亲到上海经商，渐有余裕，在龚路镇北街买屋添置家业，送儿子朱庭祺到美国求学，朱庭祺在哈佛大学取得商业管理硕士，20 世纪 20、30 年代在民国政府中历任财政部参事、盐务署长等职，兄长的成长为朱昌亚日后的发展树立了榜样。

除了兄长的榜样，舅舅李平书的经历也给了朱昌亚很大启示。李平书是清末民初的名人，少年丧父，当过学徒，通过苦学成才，优贡入仕，清末历任广东、遂溪等地知县及江南制造局提调、通商银行总董、华成保险公司经理等要职，声名卓著。1911 年武昌爆发起义，支持革命，被委上海民政总长，对上海的现代化建设作出过重要贡献，是昌亚的偶像。清末民初，民智初开，但重男轻女的现象仍很严重，女子缺少争取平等的思想。而朱昌亚从小就喜爱读书识字，稍长向往到社会做事，励志向学，得到舅父的嘉许。李平书除主持政务、实业外，对医学独具灼见，他是沪上一流名中医，1903 年联络名医成立医学会，1904 年创办上海女子中西医学堂(1909 年迁建改名上海女医学校)、南市上海医药(今市二院前身)，促进中西医汇通。李平书在医学上的造诣和功绩，对朱昌亚的择业起到重要影响。

家庭环境的影响与自己的理想,推动着朱昌亚向人生目标前进。向舅父，向兄长、向嫂子 (嫂胡彬夏是中国首批四位赴美留学女性之一) 学习，她决心成为一名医生。她开始从乡下到上海哥嫂家中学习英文。每月嫂子布置功课让她回去自习，次月通过汇报后，再布置新的功课。就这样坚持往返了 1 ~ 2 年。她 1916 年 申请去苏州女医学院读书，当时院长不肯收留。胡彬夏凭在国内外的声望，保证吾妹非常聪明，定能胜任，学校同意试读，结果成绩很好，完成医预科课程。1921 年从华北协和女医学院毕业后入天津女医局，以妇产科为主，院长出国期间，任代理院长等职。院长支持朱医师出国深造，并代她将每月薪水储存下来。在 1925 年

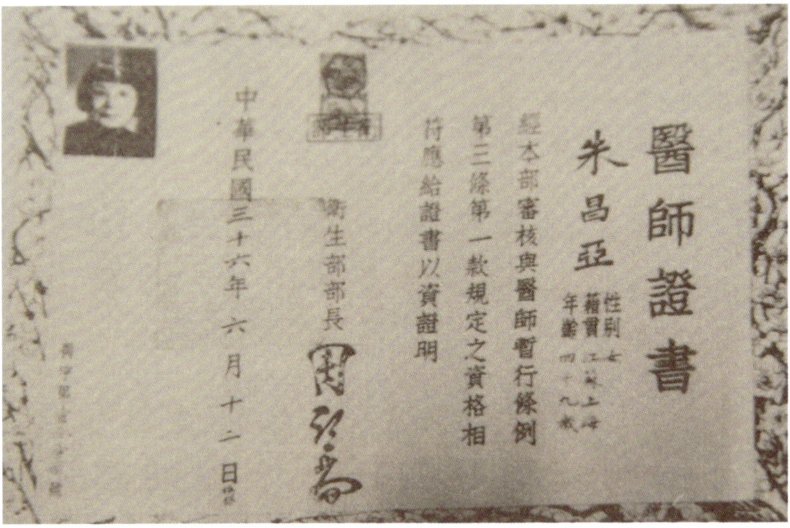

朱昌亚的医师证书

她自费去美国密希根大学进修妇产科，获博士学位。1928年回上海，在尚贤妇孺医院工作。尚贤妇孺医院由上海著名女医生张竹君之妹张湘纹创办，医院邀请上海名流组成董事会，有女子银行行长严淑和，法租界巡捕房顾问顾守熙，妇产科教授王淑贞、刘剑秋以及邝翠娥等。

尚贤妇孺医院由朱昌亚全面负责，有着很好的声誉。院内汇集了数位资深女医生，没有男性妇产科医生。沪上不少富家女性，都喜欢在尚贤妇孺医院生产。医院还对贫苦人家设有免费病房。

朱昌亚在上海人和医院高级助产学校任教，不断培养医务人员，由于医疗和教学工作繁忙，没有过多时间撰写学术论著。事出意外，《渤海早报》于 2010 年 4 月 16 日披露，民间收藏家李刚提供 1930 年朱昌亚医学博士所著的《孕妇须知》。此书由民国政府卫生部审定，还回顾朱博士供职的天津女医局，这个全国最早的公立妇产科医院为改变民间落后的接生，做了大量的社会培训工作，组织专家撰写系列妇产科知识小册子。为该书作序的是极具声

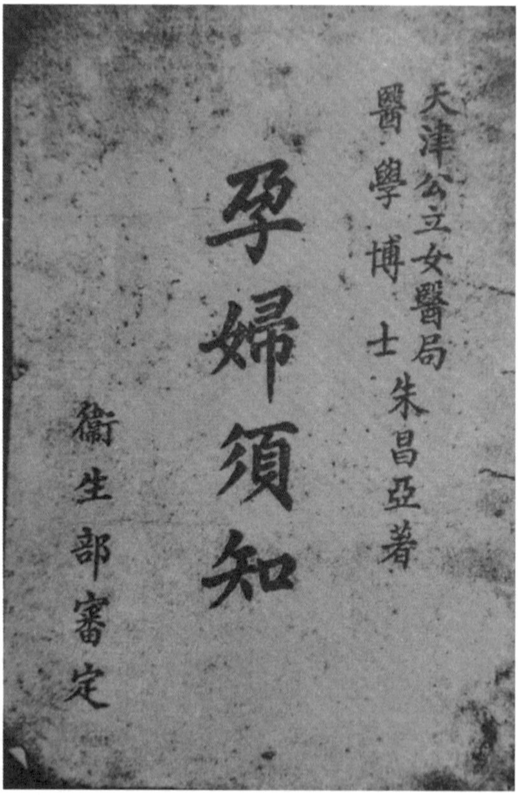

朱昌亚的著作

望的朱昌亚的嫂子胡彬夏，时任《妇女杂志》主编，曾留学美国和日本，是上海女权运动同盟的发起人。她十分清楚姑子的从医经历："吾妹，昌亚自十数龄研究医学以来，至今已有十余年矣，盖无日不在沉思潜学，旁考博采之中，近九载历在津、沪及美利坚各医院任事于妇产科，尤多心得，手术亦静进……"卫生部长刘瑞恒在序言中提及当时一个严峻的现实："据公共卫生专家推测，全国每年孕妇因生产而死者不下 21 万人，其中至少有 15 万人死于手术及医疗之不当，…… 假使孕妇具有生产常识、接生施以相当训练，则每年 15 万女同胞何至贻误致死。"当时普及此种读物，避免产妇难产及意外死亡意义非同寻常。

朱昌亚的择业正适应国家社会的需要，并为此不断进取，自费赴美国深造，学成回国，为祖国服务，与人们风雨同舟，全身心投入钟爱的事业。经她接手的新生命数以万千，培养了大批产科学员，可以说桃李芬芳满天下，使新法接生在天津、上海等地迅速普及。她待人也似对待工作一样认真，凡见过她的人，都感到她待人谦和、真诚。一些乡亲为了解决医疗上的疑难求助于她，都得到热情招待，尽力帮助，满意而归。

为了工作，她一生没有结婚，却不乏家庭意识，她过继嗣子朱葆伦，从 9 岁起带至身边抚养教育，使之接受高等教育，在上海第二医科大学毕业。退休前为上海市儿童医院主任医师、二医大教授，历任中华小儿外科学会委员、中华小儿科杂志编委等职，获国务院特殊津贴。朱氏母子的妇婴医疗保健事业薪火相传，这是朱昌亚女士人生的完美句号。朱昌亚于 1994 年病故，享年 98 岁。现安卧于浦东天长公墓内。

立志办学 终身教育

蔡经纬（1897—1980），字钧培，川沙中学的创始人，一位为川沙教育事业奉献了毕生精力的尊者。

蔡经纬出生在浦东川沙蔡路，自幼聪明好学，是川沙城小学堂（今天的观澜小学）第一届毕业生。当时川沙没有中学，他在其他地方读完了中学。中学毕业后进入暨南大学商科就学，获得学士学位。在校期间正值“五四”新思想兴起的时候，蔡经纬受到了很大影响，以为教育是推行民主科学之本。毕业后，应黄炎培之请，受聘担任《川沙县志》编委，为采访员。期间，他与中共党员林钧、王剑三等结为挚友。1927 年“四一二”事变发生，林钧奔武汉，王剑三遭杀害，蔡经纬只得避走无锡，从此以教育为毕生事业。先后在无锡县无锡中学、上海斯盛中学、川沙县公立小学校及教会办的惠中中学任教。

1937 年“八一三”事变后，蔡经纬回乡，目睹局势混乱，学生失学，于是借用川沙县城观澜小学“廿五纪念堂”，创办了“成功补习中学”，招收失学青年七十余名。开始了他第一次办教的尝试。不到一年，日寇侵陷川沙城，学校不得不解散，蔡经纬本人再次回到惠中中学任教。

期间，蔡经纬休假回乡，看见家乡子弟入学不便，遂又萌生创办一所小学堂的想法，几经筹措，终于在离家不远的周家宅办起“经始”小学堂。取名“经始”，意为又一次办教育的开始，实现他早有的“招收失学少年，为他们创造入学机会”的心愿。学校先后聘请张宝生、金铭川老师任教。从此蔡经纬每次返乡都要到小学堂视察，指导改进办学质量，帮助解决一些具体问题。

1941 年底，太平洋战争爆发，惠中中学被汪伪接管，蔡经纬不愿意为汪伪做事，心绪郁闷，萌生去意。这一天在浦西回浦东的市轮渡船上，蔡经纬正好与川沙商界人士王长庆、王金魁等相遇，闲聊中大家都感到家乡子弟小学毕业后需外出求学，近至上海，远到苏、常，诸多不便，这一点蔡经纬深有体会。加上一些学生因为家庭经济条件差，只好辍学。大家都觉得应在县城创设一所中学，以方便孩子们继续学业。王长庆等当地工商业界人士当即表示愿意投资。蔡经纬也当场决定辞去惠中中学教职，回家乡办一所中学。短短的二十来分钟，在颠簸不定的船上，在颠簸不定的时局，决定了一所重要中学的诞生。

经四处奔波、艰辛筹措，蔡经纬倾其家产办学。1942 年 2 月，在川沙城厢孔庙为校址上，“私立友仁初级中学”诞生了。取名“友仁”，意涵学校的创设得到城镇一些商界人士的热心支持、资助，同时也有推崇“友爱”“仁慈”的意思。从此川沙城结束了没有中学的历史。

学校初创时候，只有初一、初二年级学生二十余人，合为一个班，

蔡经纬夫妇和子女们

施行复式教学。蔡经纬既是学校负责人管理校务，又是全科教员，所有课程均由他一人执教。因为学校学风良好，学科教授有方，得到学生和家长赞誉，远近各地学子纷纷前来。当年秋季，学生增加到了九十余名，于是蔡经纬增聘师资，分班列序，自己担任校长，兼上英语课，一时“友仁”中学人才济济，社会声誉鹊起。先生还撰写了友仁中学校歌：美哉我校名友仁，屹立铁沙城。巍巍校舍，孔圣之居，杏坛化雨弦歌存。筚路蓝缕，创业艰辛，漫步进文明。良师好友，心心相印，进德修业共相亲。孝悌仁义，校训是重，泱泱兮友仁之风！

然而沦陷时期，社会混乱，更有党棍学霸觊觎倾轧，学校在重重困难中发展，蔡经纬以学识品行与能力，努力坚持着。1943 年，友仁中学与原川光小学初中班合并，改名为“私立铁沙初级中学”，蔡经纬仍旧担任校长，直到抗战胜利。1946 年，铁沙中学与中山中学合并，改为公办，校名为川沙县立初级中学，附设高中补习班，沈敬之当校长，蔡经纬任校务主任。因沈敬之担任多重职务，外出联系事务繁多，无暇顾及学校具体事务，蔡经纬实际掌门，专心事业。他与沈敬之先生精诚合作，一起做成了几件大事：一是沈敬之在校内校外发起“建筑捐款”，蔡经纬协同选址，在孔庙西端建造两层四上四下教学大楼，增添八个教室，完善了教学设施。二是在孔庙原址和建好的教学楼中间，搭建起天桥，开辟路径，以便于师生穿行于两幢大楼。三是平整了乱坟岗，建成了大操场。四是千方百计招揽有师资资质、并富有教学经验的教师加盟学校。蔡经纬竭诚协助沈敬之，把学校工作开展得生机勃勃、卓有成就。

1949 年 5 月，川沙解放，学校新生。9 月初，学校尝试开办高一年级补习班，蔡经纬亲自担任班主任，兼教英语课程，探索高中教学工作。翌年 2 月，上海三林中学高一班学生并入。几经发展，川沙中学成为全县唯一一所完全中学。

1949 年 7 月 17 日，黄炎培先生回川沙故乡。川沙县县长牟益民假座真武台连城别墅设晚宴为黄炎培饯行。席间，黄炎培一边感谢牟县长的盛情款待，一边慎重地向牟县长推荐了蔡经纬、沈敬之、宋赞平、徐厚甫、沈浪三等五位乡贤，建议此五位可备作政府工作的参议咨询，可见黄炎培对蔡经纬的赏识与信任。

蔡经纬的英语水平堪称一流，标准的伦敦音娴熟流利，在当时并不多见。他的教学功底深厚，任英语教师期间，发明并自制了许多英语教具、卡片，运用多种手段教授英语，

蔡经纬借用办学的廿五纪念堂

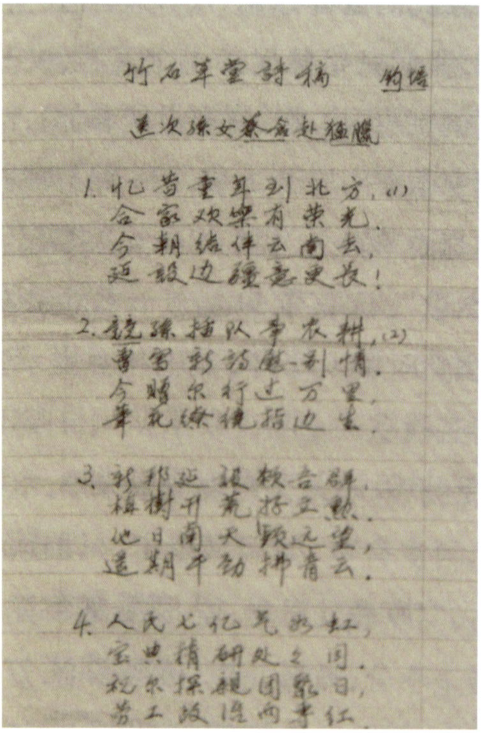
竹石草堂诗稿

送次孙女蔡翕赴猛腊

1. 忆昔童年到北方，(1)
合家欢乐有荣光。
今朝结伴云南去，
延设边疆意更长！

蔡经纬手迹

生动有趣，成为英语教学学科的领军人物。他的英语课深受学生喜爱，学生英语水平提高很快。

1956年蔡经纬因体弱多病弱卸而辞去教学工作，任学校图书馆管理员。1958年秋，蔡经纬年过六旬，退休回乡。

鉴于蔡经纬实行“教育救国”思想，终身从事教育，殚精竭虑办学校，积极投身于人民教育事业，以及他在教育方面的成就，上海市教育局教育志办公室1992年2月正式出版发行的《上海市普教人物》第一辑中载有他的个人传记，称他为“上海市教育人物”。在不同年代编纂的《川沙县志》《川沙教育人物志》，以及1992年发行的《川沙县教育志》中都有关于他的介绍。

1954年，蔡经纬当选川沙县第一届人大代表，此后连任多届人大代表。他带着学校师生与家乡人民的嘱托参政议政，对于地方上的教育方针、城市建设的发展等方面积极建言献策。他也经受了共和国一次次政治运动，无论在怎样的情势下，蔡经纬坚守做人的原则、秉直的个性，始终没有放弃自己追寻事实、正义、真理的立场。1980年年头，蔡经纬收到由县里寄来的出席县人民代表大会的通知函及座位票，可惜，这时候蔡经纬已经罹患食道癌，

1980 年 3 月与世长辞，享年 83 岁。

蔡经纬一生从事教育，历经风雨，不改初衷，唯以培育学生为己任，诚敬待人，虚怀若谷。退休以后，竭尽全力为家乡人作奉献。他关心家乡青少年的学业，为他们补习功课，从不收分文报酬；他用微薄的退休金购买书籍建立家庭图书室，供邻里儿童们阅读，他热心帮助乡间建设，调解邻里矛盾，受到远近乡邻的衷心赞颂。

蔡经纬与夫人秦如珍一生相濡以沫，恩爱到老。先生退休后还耐心教老伴识文断字，秦如珍 60 岁后学习文化，竟然也能阅读报刊书籍，让教了一辈子书的老先生对这个“关门弟子”甚为得意。

蔡经纬虔信基督，但尊重子女信仰自由，长女蔡明、次女蔡颖、长子蔡明璋、次子蔡明璇、小儿子蔡明恩都在新中国成立前接受革命思想，秘密加入中国共产党，为新中国的诞生挥洒了热血和青春。新中国成立后，儿女们经历不同，虽在历次运动中遭受磨难，复出后仍不计恩怨，勤恳工作，钻研业务，均有相当成就。

蔡经纬晚年儿孙绕膝，尽享天伦。他以浓郁的亲情、渊博的知识、高尚的修养教诲培养孙辈，给予孙辈美好、欢乐的童年，并作诗褒奖孙辈学有成效，为国效力，给孙辈留下难以忘怀慈爱老人的印象。

蔡经纬善诗词，古体、白话皆所长，著有《川沙竹枝词》《蔡钧培诗稿》等几本诗集。可惜在“文革”动乱期间，蔡氏族谱、撰写的教育论述和许多珍贵的书籍，被付之一炬，甚为痛惜。2012 年，川沙中学建校 70 周年之际，蔡经纬的长孙女蔡竞主编了《风范长存——纪念蔡经纬》一书，全书有三十多万字，其中很重要的是收录了蔡经纬 1960 年至 1979 年的诗选，这是对蔡经纬先生的一个极大安慰，更是寄托了后人对蔡经纬的深深怀念。

燃烧自己 照亮大众

沈敬之（1897—1994），上海浦东川沙人，是浦东地区知名的爱国民主人士。

1908 年到 1915 年，沈敬之先后在江苏省无锡第三师范、南京东南大学读书。1919 年 2 月起，先后担在莲溪小学校长和观澜小学、敬业中学教师。1927 年春，接受同学、川沙县早期第一位中共党员林钧和尊师黄炎培的影响，投身于教育管理，起初在上海县教育局工作，后又任川沙县教育局督学、第三科科长、局长等职。之后参加中华职业教育社，担任上海中华职教社宣传干事。

在争取民族独立和解放的日子里，沈敬之积极奉献自己的力量。1938 年，沈敬之和徐佑明在场署街 31 号，创办“川沙国华印务局”，奠定了川沙印刷行业蓬勃发展基础。1942 年春，黄炎培访问家乡川沙，沈敬之和川沙一批工商界人士会晤黄炎培，听取黄炎培关于“反独裁、要和平、反内战”的政治主张。沈敬之深受老师黄炎培的影响，毅然与地方势力决裂。1947 年秋，民主建国会孟征祥来川沙商议建立联络点时，沈敬之积极协助，寻觅民房，在川沙东门街开设了“协茂米号”，这是民建组织的一个秘密联络点。1949 年 4、5 月间，沈敬之积极发动川沙工商界、教育界和社会人士纷纷购粮，汇集后亲自带领群众送赴前线，有力地支援人民解放战争。

川沙解放后，沈敬之更是不遗余力四处奔走为民出力。1949年5月23日，沈敬之发挥熟悉地方情况，人脉关系广泛的优势，积极配合党和政府开展工作，提供各方面配合和方便，得到领导的好评。1949年7月，川沙遭遇强台风、暴雨和大潮汛的袭击，多处海塘决口，数万亩农田和大批民房被淹，灾民无数，灾情十分严重。新生的人民政府立即组成“生产救灾委员会”。沈敬之担任委员，每天率领二十多人前往龚路大码头打桩两百多根，保护海塘，连续奋战二十多天。还发动工商界捐钱捐物，为灾民发放救济粮与衣被。同时，发动灾民生产自救，重建家园。

1950年，江苏北部地区遭受严重水灾，大批灾民涌向上海。在党的领导下，沈敬之组织了“川沙县生产救灾委员会”，深入宣传，动员社会各界爱国人士、工商界代表人物慷慨解囊，劝募寒衣一万多套和粮食若干，为解救灾民的饥寒冻馁、稳定社会秩序作出了贡献。1951年，又为川沙县筹集农业贷款三万元，为川沙县农业生产的恢复和发展，作出了贡献。

是年，沈敬之当选为川沙县政协副主席。

沈敬之乐于助人，热心优抚工作在当时出了名的。贫民有经济困难向他求援时，总能给予帮助。他把个人任县政协副主席的收入，专门取出一部分用于救济他人。川沙镇东太平村顾连生，是黄炎培童年时的小伙伴，年长沈敬之好多岁，由于家庭困难，无钱读书，只能替人家当放牛娃。后来害了眼病，无钱治病而瞎了眼睛，一生陷入困境。沈敬之伸出援助之手，长期接济。每次领到沈敬之生活费时，顾连生都要满怀感谢之情地与沈敬之说上好多话。

新中国成立前，川沙人主要去浦西谋生就业，但也有不少人就业港澳甚至出国去东南亚。沈敬之在港澳有许多亲朋好友，他积极宣传人民政府“便利侨汇，服务华侨”的优惠政策。一些港胞在沈敬之影响下，给家乡捐赠了一批缝纫机、手套机、缝衣车头机，还有载货汽车等，沈敬之在侨眷中集资，办起了县侨联厂。侨联厂规模日趋完善。许多侨眷、港澳同胞家属被吸收进厂工作，成为了振兴家乡经济的一支力量。工厂生产的产品远销国外，为国家换来了许多外汇。

沈敬之一生特别重视和关心教育。1946 年，沈敬之为了实现“择圣贤之居，得英才而教”的办学目标，出任以城西孔庙为校址的川沙县立初级中学校长。他一方面向社会募捐，一方面发动学生家长出资建校舍，每学期每位学生交大米五斗（在一年半中连续三次）。终于在孔庙后边建起一幢砖木结构的二层楼房，共辟计八个教室。为了纪念沈敬之办学成绩，学校在校园中修建了一座“思敬亭”。1948 年 7 月，沈敬之利用黄炎培先生青少年时期就读过的东野草堂旧址，即川沙镇东太平村创办了荫余小学；他还利用川沙镇北清代遗址、茶亭庙宇，创办了兴慈小学，后改为北门小学（今新城小学）。建国后，荫余小学改为四村小学。1951 年秋，沈敬之动员港胞陶伯育捐资，在川沙镇北王桥街北首创办王桥小学，1958 年改为王桥中学。

创办五三中学是沈敬之办学经历中光彩夺目的一页。1953 年，

沈敬之（右二）和胡厥文等人合影

时任新中国政务院副总理、轻工业部部长的黄炎培来到川沙，了解到当时的川沙，仅有一所规模为三四百人的县立初级中学，根本无法满足人民群众子女迫切要求入学的需求。黄炎培和沈敬之联系后，全权委托沈敬之等人在川沙镇东河浜路，创办一所民办中学。1953 年 9 月，“五三补 习班”（今五三中学）开班，招收四百八十多学生，学校后来改为中学。由于是 1953 年创办的，所以取名“五三中学”。学校办得很有特色，成绩卓著，屡屡得到上级教育行政部门的奖励。1960 年秋天，黄炎培在他的学生沈敬之陪同下到校视察，对学校取得的成绩十分满意。

1964 年，国家处于困难时期，他响应“好儿女志在四方，上山下乡，接受贫下中农再教育”的号召，毅然把小儿子沈仪、孙女沈璐送到新疆生产建设兵团，推动了川沙上山下乡运动的发展。在“左”的路线影响下，沈敬之在“四清”“文革”期间，受到不公正的对待，无数次被批斗、遭殴辱，株连亲属。周总理和黄炎培先生的来信等也被抄去。党的十一届三中全会召开后，1979 年 3 月 18 日，沈敬之恢复名誉，其时，他说：“党给了我第二次生命！”不久他赴港探亲访友，以切身感受叙述了党拨乱反正，改革开放的大好形势，欢迎海外同胞为家乡建设出力。

沈敬之先生为人民政协积极参政议政，认真履行职能，献计出力；为祖国统一，振兴家乡经济、文化、教育、宗教事业的发展作出了积极贡献！践行了他的座右铭：“蜡烛尽燃自身玉，甘为人民照眼睛”！他还酷爱诗画，热情歌颂党和政府、社会主义。

1994 年 1 月 27 日，沈敬之先生因病医治无效去世，享年 97 岁。

革命先烈 浩气长存

林钧（1897—1844），又名林少白，生于川沙镇，是浦东党组织的创始人之一。

林钧原名朱建璜，小名春南。因为从小失去父母，由姓林的姨夫抚养长大，所以改姓为林。1910年川沙小学堂毕业后，到南汇周浦镇布庄当学徒。不久，考入江苏省立第一师范学校，因家境困难，中途辍学。1915年后，在上海南汇与川沙地区的小学中任教。从青年时期受五四运动影响，积极追求真理，开始学习和接受马克思主义思想，他善于辞令，常在校内演说，痛斥贪官污吏和卖国贼，很多青年学子由于他的教育和指引，走上了革命道路。

20世纪20年代初，林钧在南汇大团镇上的万竹堂小学当教员，教语文和体育课。林钧性格开朗，思想进步，较早地接受了“五四”以来新文化的熏陶，上课时从不照本宣科，而是结合课本内容经常向学生们宣讲国内外形势，传授富有时代气息的新知识、新思想，讲课时旁征博引，引人入胜，深受同学们的欢迎，在他们中间留下良好的印象。林钧把帝国主义八国联军侵占北平、掠夺国宝，英法联军火烧圆明园等事实告诉学生，要大家毋忘国耻，奋发图强，从而极大地激发了学生的爱国热情，浸润了他们幼小而纯洁的心田，在他们思想上产生了深刻的影响。

在这期间，学校发生了学监董莲汀尅扣学生伙食费和贪污学校建筑工程款的事件，致使学生伙食办得极差。林钧挺身而出，为师生们伸张正义，当众加以揭发。董莲汀恼羞成怒，勾结校长将林钧辞退。倒行逆施的行径激起了师生的义愤。他们自动组织起来，为林老师送行，沿途高呼口号，结果这次送行成为镇上第一次向旧社会反动势力的大示威。

1924 年夏，林钧离开大团镇进入上海大学社会学系学习。在瞿秋白、恽代英的直接指导下系统地学习了马克思主义，进一步懂得了革命道理，积极参加了各项社会活动。林钧担任了上海大学附设的平民学校校务主任，他发挥教育的优势和才能，向工人、青少年传授知识，宣传革命思想。同年 10 月 10 日，林钧和一批学生到河南北路天后宫参加“双十节庆祝大会”，会上学生发表演说，高呼“打倒一切军阀！”“打倒一切帝国主义”的口号。国民党右派出来阻止，雇佣的流氓对学生大打出手。林钧奋勇上前制止，被打得血流满面。一名同学被他们从 7 尺高的讲台上猛力推下，不幸致死，酿成著名的“天后宫事件”，陈独秀曾专门著文，对国民党右派的行径予以抨击。林钧因他的胆量和知识，受到同学们的拥戴，也受到邓中夏、瞿秋白和邵力子等教师的器重。同年 10 月，林钧在上海大学参加了中国共产党，成为上海大学学生中较早的党员之一。上海大学学生会改选时，他被选为候补执行委员，之后参加了上海学联的领导工作，林钧全身心地投入到上海的学生运动中去。

1925 年 5 月 15 日，发生了日商纱厂资本家枪杀中国工人顾正红事件，引发了工人罢工抗议的浪潮。30 日下午，林钧、周大根等一批上海大学学生冲进英租界向群众说明日商枪杀工人的真相和纱厂工人罢工的原因，揭露日本资本家的罪行，英国巡捕竟然开枪，打死打伤群众数十人，酿成震惊中外的“五卅”惨案。

当晚中共中央决定组织行动委员会，建立全市各界统一战线，发动工人罢工、商人罢市、学生罢课的“三罢”斗争，声援被迫害的工人。之后由上海总工会、全国学联、上海总商会共同组成“上海工商学联合会”，统一领导全上海声势浩大的“三罢”斗争，林钧参加了该会的领导工作。

林钧离开上海大学后，以熟谙教育之长，以学校为阵地，在中共上海区委领导下，继续开展各界上层人士的工作，先后担任了景平女中校长、中共上海市民公会党团书记等职。

1926 年 7 月，广州国民革命军开始北伐。8 月攻克了长沙与武汉，直逼杭州和上海。在上海，中共中央和上海区委积极准备发动武装暴动，来迎接北伐军到来，并着手建立新的上海市政府。到 1927 年 2 月。两次武装暴动均因准备不足而告失败。3 月 21 日，上海全市工人举行了总罢工，并立即转入武装暴动，攻打军警机构，经过三十小时血战，占领了上海。上海工人第三次武装起义终于取得成功。

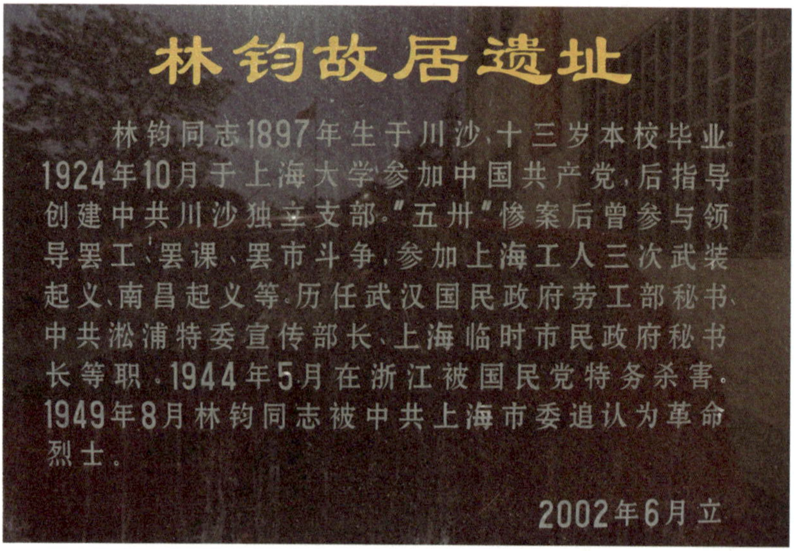

今观澜小学内林钧故居遗址铭

起义胜利的当天，林钧根据上海区委的指示，以市民公会的名义在南市新舞台召开了有一千多个团体、四千名代表参加的上海市民大会，并立即成立了由共产党领导，具有广泛代表性的上海特别市市民政府，林钧成为十九名政府委员之一。3 月 23 日，新市民政府在原上海县署办公，公推林钧为新市民政府秘书长，主持政府日常工作。这时蒋介石派人来函，要市民政府“暂缓办公”，实际上要取消新生的革命政权。林钧不予理睬，向各界宣布：上海市民政府正式成立！政府委员第一次会议还推举林钧等四人与蒋介石谈判。4 月 12 日，蒋介石彻底暴露了反革命面目，指使反动军警和青洪帮流氓向工人纠察队进攻，疯狂搜捕共产党员、工人领袖和革命群众。14 日下午，白崇禧部的两个排士兵包围了市民政府，当场抓捕了二十多人。林钧恰巧因公外出未遭拘捕。25 日，上海各报登出淞沪警备司令部通缉令，指名林钧等人是共产党分子，一律缉拿。获首要者每名赏银洋一千元，附从者每名五百元。申城一片风声鹤唳，革命者的鲜血染红了上海滩。

林钧被迫转入地下，不久作为上海十三名代表之一，化装成苦力到武汉，出席中共“五大”，并在武汉国民政府任劳工部秘书长（劳工部长为苏兆征），时和金学成一起负责苏、浙、沪联合办事处工作，接待来自各省市的革命同志，积蓄力量，继续战斗。

1927 年 7 月 15 日，汪精卫在武汉召开国民党中央执行委员会会议，正式作出“分共”决定，公开背叛了孙中山联俄、联共政策，和在上海的蒋介石一样对共产党员和革命群众实行大屠杀。中共中央决定实行武装反抗，于 8 月 1 日在南昌举行武装起义。

林钧在周恩来领导下，随部队离开武汉参加南昌起义，在起义军领导机构的党务委员会中任委员（另一个领导机构叫军政委员会，有宋庆龄、周恩来等参加，党务委员会中还有共产党员张曙时等，以上领导成员的名字均在现南昌市“八一”起义纪念馆中展出）。

川沙烈士陵园中林钧墓

8 月 3 日，林钧随起义部队南下，在到达广东潮汕地区时遭国民党优势兵力围攻，与部队失掉联系。后来他历尽艰险，终于从海路经香港潜回上海。

1927 年 9 月，根据中共江苏省委指示，林钧在奉贤县曙光中学秘密召开奉贤、南汇、川沙三县党团骨干会议，传达党的八七会议精神。林钧先后任中共浦东工作委员会书记、中共淞浦特委宣传部长等职，参与领导浦东各县、青浦、太仓等十县的农民运动，组织发动浦东农民、盐民抗租抗税斗争。1930 年 1 月，在南汇被国民党保安队逮捕，判刑八年。

1934 年林钧由邵力子保释出狱后，积极寻找党组织未成，先后受聘为上海五卅小学和华华中学校长，以学校为基地，开展抗日救亡宣传教育活动，掩护革命进步人士。

抗战爆发前夕，林钧终于和八路军驻上海办事处接上了党的组织关系，具体负责从事情报、策反和军事组织工作，并协助八路军办事处接待和帮助出狱同志接上组织关系。1938 年，林钧组建川沙边区人民抗日自卫总团第四大队，以工人以及华华中学进步学生为骨干，在川沙、崇明地区开展抗日武装游击斗争。

1941 年初，林钧得悉他的旧部被国民党江南行署收编，改编为“江南挺进总队”的情况后，经党组织的同意，他到该部做策反工作，设法将这支队伍带到浙江去。林钧经过一个时期的工作，说服了总队长潘可平，并率领部队向太湖边进发，准备建立新的抗日根据地。1944 年 5 月 19 日到达德清县时，被国民党特务、浙西联防处副主任卓清宝逮捕，在路上卓从背后开枪将林钧秘密杀害，年仅四十七岁。

1949 年 8 月，中共上海市委追认林钧为革命烈士。

1952 年在镇压反革命运动中，杀害林钧的凶手，被上海市公安局逮捕，并被判处死刑，终于受到法律的惩罚。

新中国成立后，林钧遗骸移至川沙烈士陵园安葬。

独善其身 兼济天下

川沙城里有一座中学叫“五三中学”，很多人都知道，这是在黄炎培大力倡导下，沈敬之主持下创办的，这中间许多各界人士都出钱出力出智，作出了贡献，其中捐钱最多的一位叫黄炳权。除了捐资五三中学，他还在川沙城里，创办了东门小学和桑蚕学校。这是位在川沙教育史上有特殊贡献的人。

黄炳权（1900—1968），浦东川沙张江人，浦东电力工业创始人，是著名的企业家。

黄炳权天资聪慧。1917 年，黄炳权南洋公学（今上海交通大学）读书。1919 年，在大正杂粮行学艺。三年后也就是 1922 年，就依样画葫芦开设万源祥杂粮号，自任经理；以后又扩大了范围，经营上海杂粮油饼交易所、轧花厂、建材公司。

黄炳权很注意观察事物，他看到轧花厂运用柴油机带动发电的现象后，触类旁通，1923 年办起了大中煤业公司，创办汇北电气股份有限公司，担任董事兼经理。供电区域张江扩大到川沙地区的十余个乡镇，使成千上万农户从此摆脱了千年点油灯的历史，也带来了当地工业的发展。老百姓们高兴地说：“我们有了电灯公司，有了光明！”同年，黄炳权又在上海开设灯光制造厂、同盛昌纱布号、聚泰内河航业公司。

那一年，黄炳权才只有二十四岁。富有侠义之心的黄炳权，同时担任上海沪南救火联合会东区救火会评议员，并且兼任沪南救火联合会所属的“南市保卫团”团副，主要任务是保卫团的义务教练，每周回乡教练，关心家乡的消防事业，指导消防员操练。1926年，黄炳权又和他人合伙开设地方商业银行、合伙开设仁余德面粉厂。1929年，加入浦东同人会（后改为同乡会），协助总编瞿绍伊编辑《新闻报》《新浦东报》，宣传同乡会社会事业发展，发挥积极作用。

黄炳权既醉心实业办企业，又是热心公益事业。时刻关心家乡的建设发展。1932年捐两万多元筑路，疏浚河道等。1933年，组建路政委员会，在当地铺设二十余里路的石子路，方便民众交通。

1934年夏秋，浦东连续发生两起命案。黄炳权见义勇为，仗义执言，怒告江苏省上海地方法院检察处贪赃枉法，大得民心。1935年，为川沙张江家乡架设电话线，用上了电话。1937年，任上海沪南救火联合会东区救火会主任。日本战机狂轰滥炸，他积极领导消防队员，冒着战火，抢救人民生命财产。8月20日，日本飞机突袭上海南站，他带领东区救火会消防队员扑火，事后还专门写文章，记录和控诉这次日本侵略者的罪行，文中描写道“血肉横飞尸满场，站台旅客尽遭

五三新校

殃，断腿碎骨更无数，此债终须一日偿”。

抗日战争中，黄炳权以笔名“南沙权”在上海《新闻报》上发表《输财救国歌》《国难》《九一八》《暴风雨》等大量诗文，揭露日本侵略者的滔天罪行，呼唤实业界“实业救国的思想”，并积极参加难民救济、收容工作，并先后办起了张江小学和中学。

在这一段期间，黄炳权先后与人合伙开设浦东长途汽车公司，开设益友花号，经销棉花，在上海汉弥登大楼合伙开设恒益商号，组建同盛昌纱布号，开设和丰面粉厂，扩展宏牲商行，组建德富房地产公司，德富堆栈；投资中南电业厂和同新纱厂。

在丰富的实践中，黄炳权深深感到教育和实业有密切关系。不少学生学习成绩不错，但是动手能力不行，所以他特别赞同黄炎培的职业教育理念，1944年，加入中华职业教育社，任理事。

新中国成立初，年过半百的黄炳权雄心犹在。1950年2月，

五三中学旧校

加入中国民主建国会，担任中国民主建国会上海分会宣传委员。7月，任浦东长途汽车股份有限公司首席代表。1951 年 1 月 1 日，任川沙县借贷委员会副主任委员。4 月，当选为川沙县各界人民代表大会代表。任浦东同乡会主任委员，主持日常工作。同时任上海电业管理局营业所副所长、上海供电公司第一副经理。

川沙人、时任政务院副总理的黄炎培 1952 年来沪做工商界代表人物工作，尤其来到故乡川沙和工商界朋友交流沟通，提出“化私为公”口号，推动公私合营工作。黄炳权积极响应，毅然把浦东同乡会全部房产移交给政府；不久又成立公私合营浦东电气公司，任副经理。1956 年，黄炳权主办的公司、堆栈、工厂、商店等全部撤销原机构，改为国有企业，成立低压浦东营业所，负责浦东供电业务，树立了“化私为公”的好榜样。

1953 年，时任新中国政务院副总理、轻工业部部长的黄炎培在农村视察工作时，了解到农村广大贫苦农民及城市平民在政治上翻身当家做主人后，在文化上也要翻身，他们的子女纷纷要求入学。当时 14 万人口的川沙，仅有一所规模为三四百人的县立初级中学，根本无法满足人民群众子女迫切要求入学的需求。黄炎培与他的学生沈敬之联系之后，全权委托沈敬之等人在川沙镇东河浜路，创办一所民办中学。当年 9 月，“五三补习班”（今五三中学）开办，一下子招收四百八十余名学生，分早、中、晚三部制，学生来自川沙县各乡，还来自奉贤、南汇、金山、启东、崇明、山东等地。为健全民办学校的管理模式，后来建立了以上海电力公司副总经理黄炳权为董事长，沈敬之为副董事长，杨正德为秘书等 13 人为董事的校董会。校董会提出“有钱出钱，有力出力，献计献策”的办学要求，许多实业家慷慨解囊，仅黄炳权个人就累计捐资 18.8 万元（当时一个教室的造价是 400 元）。

除此以外，1954 年，黄炳权还在川沙城里捐资创办东门小学；1963 年，黄炳权又在川沙城里办起了蚕桑学校，他对这所学校的要求就是贯彻黄炎培职业教育思想“手脑并用”。

著名的社会活动家、教育家、中华职业教育先驱黄炎培 1965 年 12 月去世后，追随黄炎培先生 40 个春秋的黄炳权先生，在中华职业教育社组织的“黄炎培先生追思会”上发言：“……我和任之交往40多年，回顾我的亲友中，给我影响最大最深的是黄任之。同时，他也是我最敬佩的人……”。

在“文化大革命”中，黄炳权惨遭批斗、游街。1968 年 11 月去世，那年 68 岁。

“文革”结束后，1979 年 3 月 2 日，上海市供电局召开“黄炳权先生平反昭雪追悼大会”，中国民主建国会主席胡厥文委派专人主持追悼会。

黄炳权先生以“穷由独善其身，达则兼济天下”古训为自己的人生准则，勤奋创业，振兴民族工业；严于责己，克己奉公，兴办 10 多所学校、教养院，关注民生，造福乡里，造福社会，深受乡亲永远缅怀。

江亚轮沉没 招商船起义

沈达才（1902—1996），浦东川沙人。1902年，出生于川沙新德村4队沈家宅。1924年9月起，在吴淞（江苏省立）水产学校航海专业学习。1927年1月毕业后，先后在上海美顺顺治轮、肇兴公司联兴轮任三副。1928年9月在营口毓大行敏通轮任二副。翌年4月起，在上海公济公司先后任时和轮、合众公司海州轮、徐州轮任大副。1934年10月开始，先后在母佑轮、裕兴轮、大生轮、安东轮、江定轮任船长。抗日战争期间，回到家乡川沙，在川沙镇西市街设店经营维持生计。

抗日战争胜利后，沈达才进入招商局任江亚轮船长。

江亚轮原名“兴亚丸”，属日本东亚海运株式会社所有的铁壳客货轮。1945年8月，抗日战争胜利后，“兴亚丸”轮作为敌产，由招商局在汉口接收后，进行改装，并改船名为江亚。江亚轮总重量3363吨，净重1924吨，长104米，宽15.2米，平均吃水4米，马力2500匹，时速18.13海里。船上设有特等餐厅、休息室等设施。从1946年5月开始，江亚轮作为固定客运班轮运营于上海至宁波航线上。

1948年12月3日下午4时，江亚轮像往常一样从上海港启航驶往宁波。在船长沈达才指挥下，江亚轮驶出吴淞口。在6点30分左右到达川沙白龙港外的铜沙洋面上。冬日的天气，太阳早已西下，四周一片漆黑。轮船在黑暗中航行，一切显得那样平静而安详。旅客们或在餐厅用餐，或自带干粮充饥。突然船底传出两声巨大的爆炸声，顿时船身震动摇晃，灯光瞬间熄灭，全船陷入一片黑暗与恐惧之中。船底机舱和统舱立即进水，船尾开始下沉。不到十分钟，江亚轮就沉没在冰冷的海水中，只露出驾驶室顶棚、桅杆和烟囱。

江亚轮遇难人数超过2300人（有说3000人），成为迄今为止世界上和平时期死亡人数最多的海难事件之一。据史料记载，1865年4月29日，美国苏尔泰那号轮船在密西西比河爆炸沉没，1450人丧生。1912年4月14日，泰坦尼克号首航美国在北大西洋撞上冰山，1517人（另说1523人）遇难。令人不解的是，有关江亚轮海难死亡人数至今也未有定数。1948年12月5日《申报》载：全船3000旅客死亡过半。1948年12月5日《新闻报》载：全船乘客2600余人，约千余人死亡。同样是《申报》，1948年12月9日第二版报道：江亚轮失事后该会（指宁波旅沪同乡会）正式登记之遇难乘客，迄昨晚（8日）止已有二千九百余人。另据《宁波日报》1948年12月10日第三版报道：沪招商局江亚轮遇难失踪旅客登记人数，迄昨日（9日）止，已达三千二百十五名。

《20世纪上海大博览》（1995年5月版 夏东元主编）载：3000余人落水遇难。《招商局海员起义》一书为：死亡人数1483人。《上海沿海运输志》则认为：死亡约2300人。迟至1998年6月5日上海《劳动报》刊载江亚轮幸存者的回忆，说4000名旅客中，有3100余人不幸罹难。

由于招商局管理的混乱和江亚轮上不买票者众多（这包括规定不用买票的小孩），因此，过去了60多年后，再要查清遇难者的确切数据已不太可能。较为客观和接近事实的江亚轮遇难人数应为 2300 多名，即那天船上的实际人数 3200 余名，减去 900 多名生还者，剩下的就是遇难人数。

江亚轮沉没后，社会舆论诟病船长没有组织抢救，反而弃船而走。从此江亚轮的沉没成为沈达才一生的挫折和伤痛。晚年，在居住川沙镇的日子里，沈达才从未与人谈及自己的经历，就是在自己的子孙面前也不愿提及那段不堪回首的往事。

那么江亚轮为何沉没？在当时也是众说纷纭，莫衷一是。归纳起来，有锅炉爆炸说、触礁说、水雷说，更有定时炸弹说和飞机悬挂炸弹脱落而至炸沉说，然而迟至今日依然没有一个最终的令人信服的答案。江亚轮沉没之谜可能将永远埋葬在东海的波浪之下，也是后人永远无以面对江亚轮死者的伤痛。

江亚轮海难后，沈达才出任招商局香港公司所属的登禹轮（以抗日名将赵登禹命名）船长。1950 年初，沈参与香港轮船招商局起义，宣告回归新中国。13 艘参加起义的轮船先后驶离香港回到内地。是年 10 月 20 日，登禹轮从香港启航，途中冲破国民党敌特组织的重重阻挠，胜利驶入广州港。至此，在港起义的 13 条轮船全部回归内地。11 月 15 日，周恩来总理发来贺电，祝贺起义成功，嘉勉全体起义人员。

招商局起义后，沈达才受香港招商局委派，任停泊在新加坡的海玄轮船长，并率领船员赴新加坡准备将海玄轮接回祖国。然而由于台湾当局的阻挠，加之复杂多变的国际形势，海玄轮在当时只能滞留原地。1953 年 10 月，沈达才在新加坡抗议英国

沈达才船长证书

报纸对新中国的造谣污蔑，受到上级机关的表扬。1955 年初，沈达才带领去新加坡时的原班船员返回祖国，圆满完成了香港招商局的委派任务。

1955 年 8 月，沈达才参加交通部海员训练班，刻苦学习航海航运业务。1956 年 12 月，获中华人民共和国中央人民政府交通部颁发的近海轮船驾驶员证书，充任近海轮船船长职务，其证号为第 0762 号。

1955 年 11 月起，沈达才在上海海运局任和平 4 号轮、建设 9 号轮船长，往来于上海至大连的海运线上。1960 年，在南京下关码头装卸货物时，年届 58 岁的沈达才还身先士卒带领船员搬运货物。在沈达才示范作用下，他所任职船长的轮船年年圆满完成运输任务。

1962 年 7 月，沈达才退休（后享受局级离休待遇），寓居川沙镇南市街 44 号（今 76 号，与内史第相对）。1996 年 9 月沈达才去世，享年 94 岁。

今年，离开沈船长去世已经整整 20 年。南市街的邻居、川沙镇的居民，乃至新德村的乡邻，可还记得这位老船长?

梅生年画风靡全国

金梅生 (1902—1989)，我国著名年画家，浦东川沙人。金梅生从小喜爱画画，少年时期就打下了良好的国画基础。金梅生1921 年考入上海商务印书馆图画部专事月份牌年画。十年后自立画室，成为专业月份牌画家，开始了长达半个世纪的创作生涯，将毕生献给了年画艺术事业。他吸收了中国画与西洋画的精髓，将其水溶交融于月份牌年画，并与谢之光、杭稚英等一起将中国月份牌年画推向了一个巅峰。

“月份牌”大小如报纸，是一种卡片式的单页年历。上下两端还镶有铜边，上端铜边居中穿孔，可以张挂。它将商品广告、年月历表、中国年画“三者合一”：其上部主体为色彩艳丽、题材喜庆的年画，有很强的欣赏性；其下部主体为年月历表，有很大的实用性；其商品广告大都插空或者占据一角。月份牌随出售商品免费赠送顾客，既能实用，又可欣赏，故受到企业和广大民众的喜欢。月份牌年画开始表现的大都是中国传统题材，如山水、仕女人物、戏曲故事等。后来则发展为以时装美女为主要形象。艺术手法上初以中国传统工笔淡彩或重彩作表现，后来发展为以西洋擦笔水彩细腻的写实手法作表现，色彩明净鲜丽，并且大都用技术先进的铜版纸以胶版彩色精印。人们获得这种配有月历节气的商品宣传画后，整年张挂在家里，既可装饰欣赏，又可查阅日期节气，人们习惯称它为“月份牌”。

月份牌的异军突起绝非偶然。它产生于一百多年前的上海，顺应了时代的发展潮流。上海开埠以后，资本主义工商业的发展很快，各种现代生活工业品如雨后春笋应运而生，像肥皂、毛线、布料、化妆品、西药、香烟、钟表、毛巾、鞋帽、服装等。它们竞争非常激烈，不仅有国内品牌的、而且还有中外市场的竞争。此时，厂商们不约而同地看中了月份牌这个得天独厚的广告作用，随着商品的销售，印有商品广告的月份牌进入千家万户，并且能够常年张挂。所以这种月份牌在上海风靡一时，并迅速蔓延全国。清代末年和民国初年以后，原有的木版年画已逐渐被新崛起的“月份牌”所取代，其发行量成为中国美术史上的一个神话。这种月份牌一直盛行到20 世纪 50、60 年代。文革期间，月份牌上面的年画变成了革命样板戏或革命题材宣传画，但下面依然是实用性很强的年月历表，只是商品广告不再出现。改革开放后，曾经风靡的月份牌变成了各种各样的挂历。可以说月份牌历经百年，经久不衰。

金梅生青少年时就对月份牌爱不释手，立志要成为月份牌画家。为了进入这个领域，1919 年他从浦东川沙慕名来到浦西的徐家汇土山湾“青年画室”，拜徐咏青为师学习西画。徐咏青擅长水彩画和油画，1913 年起主持上海商务印书馆图画部，是上海月份牌的主要出版印刷者，同时受聘于上海美术专科学校执教西洋画。由于金梅生的聪明与勤奋，得到老师赏识，终于在 1921 年如愿以偿考进了老师负责的商务印书馆图画部，从事月份牌年画创作。他在馆里曾参与制版工作，对当时走红的曼陀等人的原稿，进行了仔细的揣摩与比较。深感原稿的精美，是月份牌推向社会成败的决定因素，从而知道怎样处理原稿才会锦上添花。

1923 年，金梅生的第一幅年画作品《春游》印行，社会反应良好。他的构思与别人不同之处在于把美女的活动，从静思、等候、化妆、写信等推向了体育活动与艺术活动之中，拓展了美女画的活动空间，使其在“动”中展示新女性的风采。初露锋芒时，金梅生就

金梅生解放初期画的年画

金梅生画的《红色娘子军》年画

金梅生民国画的仕女年画

金梅生作品《欧阳海》

金梅生画的胖娃年画

敏锐地感到，工商美术市场在呼唤新型美女形象。尽管当时曼陀的声名如日中天，但金梅生已经意识到曼陀风格将受到越来越大的挑战，于是他选择开辟了活泼、艳丽、丰腴、甜美的摩登美女的新路。

此外金梅生的儿童题材也是一大特色。20 年代中期，他就创作了《母子图》，以后，《扶子上车》《姐弟图》《五福临门》《上学去》等作品便源源不断发行于世。金梅生常用速写记录儿童的生活趣事和可爱之处。长期从事儿童题材的创作，金梅生积累了丰富的经验，能将儿童乃至幼儿身体特征和稚气表现得淋漓尽致。1935 年创作的五子图《五福临门》出版后销路很好，画家竞相仿效，使月份牌画的胖娃娃形象流行一时。月份牌画坛上从事胖娃题材的画家有好几位，论作品的精美和数量，无人能与金梅生相提并论。

金梅生涉足的题材很广泛，古装作品也有不少佳作，例如《西厢记》《红楼梦》中的人物故事常出现在他的作品中。1935 年，他推出的《鸿鸾禧》，抓住了情节中能展现人物性格的瞬间来塑造人物形象，耐人寻味，可视为代表作之一。1940 年前后金梅生逐渐形成自己的风格，在中国月份牌年画的领域独树一帜。1949 年之前，他共创作了两百余幅作品，数量之多，仅次于落款“稚英”的作品；其画艺之高，与稚英、雪尘、慕白等人不相上下，各有千秋。从此“梅生年画”遍及大街小巷，达到家喻户晓。

新中国成立后，金梅生能适应时代的变革，歌颂新社会，努力塑造新人物，反映新生活。他创作了很多反映解放初期、很有时代特色的作品，受到广大人民群众的喜欢。1954 年他成为上海画片出版社特约作者。1962 年聘为上海市文史馆馆员、上海人民美术出版社特约年画家。其作品经常在全国年画大赛中获奖。代表作有《菜绿瓜肥产量多》(获 1984 年全国第三届年画评奖一等奖)、《优秀饲养员》、《冬瓜上高楼》、《全国民族大团结》、《红色娘子军》等。出版代表作品集《金梅生年画作品选集》。

金融精英
民主斗士

黄竞武（1903—1949），又名敬武，1903年8月出生在浦东川沙镇，是一位为中国人民解放事业英勇献身的民主斗士。他父亲就是中国著名的教育家和政治活动家的黄炎培。

黄竞武从小受到父亲民主思想的影响和熏陶，“幼承庭训，鲠直有父风，读书能识大义”。1916年在川沙本地小学毕业后，考入北京清华学校中等科，后又直升高等科。1924年清华大学毕业后，考取公费留学，赴美国哈佛大学攻读经济学。1929年获经济学硕士学位后回国，在上海盐务稽核所任会计。1931年起，分别在扬州、蚌埠、青口、沅陵等地负责地方盐务稽核，他大胆改革当地盐务旧规陋习、整肃机关，取得了成效。

在蚌埠盐务所时，有一奸商以为黄竞武年轻可以利用，用金钱贿赂，希望与其合污舞弊，被黄竞武断然拒绝，但反被诬陷受到处分，贬往偏僻地区青口任职。青口交通闭塞，社会治安混乱，经常有强盗出没。黄竞武接近群众，依靠百姓，创立了青口至板浦的班车制度，改善了交通，社会风气也大为改观，深得乡民的拥护和爱戴。黄竞武在长期的工作实践中，看到了国民党政府的腐朽无能及中国经济的落后。他曾在给胞弟大能的信中说：“我们常常感觉应如何为国出正当的力量，也许我们努力不够，而大半仍为政府不能利用人才，或养而不用，或用而不重用，使怀才者无所发展。我常感因政治之组织不良，效率低微，实缺乏立国之条件……中国这种腐化的政治继续下去，内战是不可避免的，但内战老百姓又如何忍受得起呢？”忧国忧民的心情跃然纸上，深刻地反映了他要求变革的思想。

全国抗战开始，国民政府内迁，黄竞武跟随来到四川，担任中央银行稽核，积极参与抗日救亡运动。1941 年 3 月中国民主政团同盟（1944 年改称中国民主同盟）成立，不久他就加入了民盟，担任民盟中央组织委员会委员、国外关系委员会委员。他不辞辛劳，积极工作。他多次担任中共周恩来与美国人士会谈时的翻译。1945 年 12 月，中国民主建国会成立，不久黄竞武又加入了民建。由于当时抗战已经胜利，后方的许多单位纷纷回归，黄竞武随中央银行来到上海，仍在中央银行任稽核专员。他以民建、民盟的双重身份，积极参加反对国民党独裁统治的斗争。

1947 年 6 月底，中国人民解放军由战略防御转入战略反攻。在前线，国民党军队节节败退；在后方，反蒋反独裁的民主运动不断高涨。因此，国民党对民主党派的迫害也日益猖狂。临危之际，黄竞武坚持斗争。他以工作的中央银行 404 办公室和临时租借的建国中路 153 号为秘密联络点，同时还在老家川沙开了一家米店作掩护，以备紧急情况下能及时转移。

黄竞武利用中央银行稽核专员的身份及有利条件，团结争取金融界、工商界人士，向新闻界揭露国民党政府偷运黄金和美元去台湾的内幕。他说：“假使国库的财宝被盗一空，将来我们接管的上海成为一个空壳子有什么用？”他积极收集“四行两局”（中央银行、中国银行、交通银行、中国农民银行、中央信托局、邮政储金汇业局）有关组织人事和业务资料等情报，为人民解放军接管上海金融作出了贡献。

1949年4月，中国人民解放军逼近上海，上海解放指日可待。这时黄竞武的处境更为困难，许多同志劝他赶快离沪，但他仍以革命工作为重，坚持留在上海，为人民解放军解放上海加紧工作。

5月12日，黄竞武刚走进中央银行404办公室，就被早已埋伏在四周的国民党保密局的特务蒙上眼睛，押上警车，从此不知下落。后来获悉，黄竞武在遭特务审讯时，受尽酷刑，坚贞不屈。5月17日深夜被活埋遇害，时年47岁。

说起黄竞武的被捕和牺牲，民间还有一段传说。

1949年5月初，随着解放战争的胜利，中国共产党向全国民主党派和无党派知名人士发出召开中国人民政治协商会议的号召，得到了各界人士的热烈欢迎。他们通过各种秘密渠道，纷纷辗转北上。

蒋介石知道此事后十分恼火，向军统局局长毛人凤下达了诛杀令："他们这是通共，发现立即逮捕！对首恶分子，要杀一儆百！"

于是，毛人凤根据军统掌握的名单，派出大批军统特务，对思想倾向民主的国统区进步人士进行跟踪、盯梢，极力阻挠、破坏他们的北平之行。

民盟中央常委黄炎培在上海常熟路的住处——荣康别墅，受到上海军统站特务的严密监视。

黄炎培知道明走肯定不行了，但他又不甘心按照国民党给他的指令，离沪去台湾。怎么办？黄炎培日思夜想，思虑着脱身的办法。

这天，特务发现，荣康别墅里，黄家的家人一大早竟披红挂彩，大红灯笼高挂，到处洋溢着喜庆气氛。特务们进门一探问，原来黄家要准备给黄炎培过71岁大寿。上午10时许，黄炎培和夫人姚维钧乘坐自己的轿车春风满面地出门了。他们来到南京路永安公司门口，黄炎培下车挽着夫人的胳膊，神态悠然地步入公司大门。黄炎培的轿车停在门口等候。

40多分钟后，黄炎培和夫人又从永安公司的大门口出来了。

纪念黄竞武诞辰 110 周年的首日封

然而一个月后，却传来黄炎培已经到达北平，准备参加中共即将组织召开的政治协商会议的消息。

听到这个消息，仍旧昼夜监视在黄家大门口的特务们惊得眼珠子都要掉地下了：明明看见黄炎培隔三差五仍在府中出入，怎么会在北平呢?

特务们要将此事弄个水落石出，他们破门闯入了荣康别墅。

看着面前的“黄炎培”，特务们一个个张大了嘴巴：原来他们近一月内看见的黄炎培，竟是黄炎培的二儿子黄竞武。黄炎培早金蝉脱壳离去了。

原来那天下午，黄竞武假扮黄炎培来到南京路永安公司，引开监视的特务，化装后的黄炎培则从容地走出荣康别墅，乘坐黄包车先来到自己女儿黄学潮家躲起来。第二天，在中共地下党人员的接应下，又易容化装，秘密搭乘驶往香港的轮船，一个月后辗转来到了北平。

恼羞成怒的国民党特务早就把黄竞武视为眼中钉，这次他们趁机逮捕了黄竞武，在一个黑咕隆咚的夜晚，竟将受尽折磨的黄竞武秘密活埋了。

新中国成立后上海市人民政府追认黄竞武为烈士，他的遗骸落葬在故乡的乐乡公墓。1954 年，民建上海市分会决议：“烈士壮烈牺牲，有功革命，不可以无传。”由副主任委员胡厥文撰写碑文，刻在墓碑上，以示永志纪念。1961 年，又将他的遗骸迁往川沙烈士墓，民建上海市委主任委员盛丕华题写碑文：“黄竞武烈士之墓”。

学徒出身 学者风范

闵刚侯（1904—1971），别名贞健，上海川沙北蔡人，曾经先后担任最高人民法院秘书长、司法部副部长，是中国著名的法学专家。

闵刚侯祖籍江苏武进东戴乡。祖父字承兴，经商经常来往于武进和上海，后来全家移居上海川沙北蔡。闵刚侯兄弟姐妹 5 人，他是最小的一个。1904 年 1 月 12 日闵刚侯出生，从小就显得聪明伶俐，辗转求读于北蔡、御桥、张江等小学，待高小毕业，因家庭清贫，未能继续升学。

1917 年，年仅 13 岁的闵刚侯经人介绍到上海万主米店当学徒。米店学徒，无非一是搬运工，二是买卖时需要又快又准计算，从而培养了闵刚侯吃苦耐劳品格和反应灵敏的品性。16 岁那年，他就择业到振隆铁工厂担任了司账员。这段时间，他勤恳工作，刻苦自励，锐意进取，下班后到附近的夜校，业余学习文化知识。功夫不负有心人，由于他的刻苦努力，1925 年，闵刚侯担任了《新闻报》记者，兼《英文夜报》助理编辑，还兼任民治中学校长，平时十分关心劳苦大众的子女求学。

工作、学习勤奋的闵刚侯 1928 年进入东吴大学法学院攻读法学。1932 年大学毕业，获得法学学士学位。他决心用自己学到的知识为社会和民众办事。

1933年，闵刚侯在上海担任律师，兼任新亚中学校长。在工作过程中，闵刚侯感到自己的知识不够用，便于1935年到日本九州帝国大学留学，进修法学。1937年春，国内抗日高潮兴起，他毅然离开日本回国，到上海继续从事律师职业。他主持公道，伸张正义，在中国共产党领导的抗日民族统一战线影响下，开始从事抗日救亡运动，积极组织进步青年参加“抗日救亡歌咏队”，经常深入里弄、工厂进行抗日救国宣传活动。闵刚侯和其他同志一起筹建、创设了朝阳学院，并自己担任朝阳学院教授及该院分院主任。利用工作的方便，闵刚侯更多地接触青年学生，积极宣传民主救国思想，培植爱国进步力量。同年，闵刚侯加入上海各界救国联合会，任里弄组织委员会主任。

1938年，闵刚侯赴重庆开展民主运动。后绕道香港转至武汉与沈钧儒、钱俊瑞等民主人士发起成立“中国人民救国会”。应救国会安排，他与夫人柏心慧相携离开武汉去重庆。在重庆，起初一段时间，担任国府委员柏义蔚（为其外舅）的秘书。后来，他被推选为“中国人民救国会”常委，负责主持日常工作，从事抗日救亡运动。1941年，闵刚侯参加中国民主革命同盟，任中委（今中央委员）。

经沈钧儒、史良介绍，1942年闵刚侯参加了“中国民主政团同盟”（后改名为“中国民主同盟”）。当白色恐怖笼罩重庆时，为了保存革命力量，组织安排他避居郊区。

1945年秋，抗日战争胜利后，闵刚侯与夫人一起返回上海，重操律师旧业，并积极投身于民主宪政运动。在共产党的领导下，他积极从事民主运动。1946年，国民党破坏“双十协定”，内战形势日趋紧迫，闵刚侯与马叙伦、许广平等爱国民主人士共同发动社会各界赴京请愿等。闵刚侯揭露国民党反动派强行抽壮丁，发动内战的罪行，并撰诗云：“黑巷纷纷说拉夫，新婚垂老尽惊呼。谁怜日暮充前敌，同室操戈痛切肤”

是年，闵刚侯任中国民主同盟华东执行部委员。1947 年 10 月 27 日，南京国民党政府迫害爱国民主人士，宣布中国民主同盟为“非法团体”，民盟总部被迫解散。解放战争时期，闵刚侯和盟员们在艰苦的环境中坚持斗争，曾经掩护革命人士高崇民由渝途经上海潜赴沈阳。他声讨国民党的法西斯暴行，坚持斗争，争取民主，反对内战，为反对帝国主义、封建主义、官僚资本主义，做了不少有益工作。

1948 年 1 月，参加中国民主同盟一届三中全会，参与制定和中国共产党携手合作政治路线，致力于与中国共产党一道为建立和平、民主、统一的新中国而斗争。1948 年 7 月，他被增选为民盟上海区执行部执行委员。1949 年 5 月至 9 月，担任民盟上海市支部主任委员。

1949 年秋，闵刚侯出席中国人民政治协商会议第一届全体会议，并参加中华人民共和国开国大典。新中国成立后，他当选为民盟中央常委兼组织部副部长、部长、秘书长，第一届全国人大法制委员，第二届全国政协委员，第三届全国政协常委，第四届全国政协常委兼副秘书长，最高人民法院秘书长、司法部副部长等职务。

在新中国社会主义建设时期，闵刚侯认真学习马克思主义，热爱祖国，拥护党的领导，拥护社会主义，积极参加民主改革和社会主义法制建设。同党一起前进，一起经受考验。在政府和民盟的工作中，作出了积极贡献！因为长年累月为革命工作废寝忘食，闵刚侯不幸长期病魔缠身，1971 年 8 月 18 日，经医治无效，病殁于北京寓所，享年 68 岁。8 月 21 日，全国政协机关、民盟中央机关在八宝山革命公墓为闵刚侯举行了追悼活动，骨灰盒置于北京八宝山革命公墓。

1981 年 2 月 19 日，中共中央统战部在北京八宝山革命公墓，为闵刚侯骨灰盒举行覆盖中国共产党党旗仪式，追认他为中国共产党党员。

立志航空 终成巨擘

姜长英（1904—2006），中国航空史学科的创立者和航空史研究的奠基人。从 1931 年起从事航空教育和航空史研究七十载，为中国航空事业培育了大批骨干人才，编著成中国第一部《中国航空史》专著，创立了中国航空史学科。

姜长英，1904 年 11 月 11 日出生在川沙古城内的姜家弄。母亲是勤劳朴实的农村妇女，父亲是北洋政府军医，由于这个原因，姜长英在天津、保定两地读完了小学和中学。1919 年，15 岁的姜长英参加了“五四”运动，因此在他少年成长时期，就深深埋下了爱国的种子。

1922 年中学毕业，姜长英以优异成绩直接升入南开大学。1926 年大学毕业后自费赴美留学。在美国底特律大学航空工程系半工半读。姜长英一面做工，一面上学，辛劳倍增，但他立志航空，勤奋好学，仅用两年时间就完成了五年学业，获得美国航空工程学士学位。在毕业前后，先后参与三家美国公司的飞机设计研制工作，他所设计的三种飞机均试飞成功，其中一架还载入 1930 年英国出版的《简氏世界航空器年鉴》。据此，姜长英在美发展完全可以成为世界一流的飞机设计师，但他一心向往祖国，关心国内局势。当他得知北洋政府已被推翻，国旗也换了，他认为“祖国可能有了新气象，自己在国外学到的一些知识，回去可能还有点用”，于是姜长英和许多爱国学子决定回国。他们途经纽约时，还特地在当地的中国城买了一面新国旗，献给“我们十分向往这久别的新国家”。

回到祖国后，姜长英南下，先后找了南京国民政府航空署和上海虹桥机场修理厂，都被拒绝。一位留学归国的航空工程学士、飞机工程师，在航空部门竟无用武之地，这令姜长英十分失望。不得已，他又再次北上，到了沈阳。在失业数月后，幸遇张学良识才，被安排到东北航空军司令部修理厂，任修理厂少校技师。

“九一八”事变之后，东北待不下去了，姜长英来到关内，被分配到南苑航校任教。1933 年夏，姜长英又南下杭州，被分配在航空署下属的器材科任署员。他用国产材料仿制美国降落伞，一举成功，性能优于美国伞，而造价只有美国人的三分之一。1934 年夏，姜长英转入杭州笕桥航校任学科教官。1936 年 2 月，姜长英应邀到上海交通大学航空系任副教授，从此脱离军界进入教育界，并以此为终身职业。

1937 年“八一三”日本侵略军侵犯上海，姜长英随交大避入法租界。1941 年底，日本侵略军进入租界，有人投靠汪伪了，姜长英却毅然脱离交大，几经坎坷，突破日军封锁，潜入苏皖边区，在抗日民主根据地江淮大学任教，并多次参加反扫荡游击行动。由于游击频繁，学校被迫停办，姜长英又返回上海，在一所中学当教员，因领工资要向日本人鞠躬，姜长英不从而愤然离去。1945 年抗战胜利，姜长英才又重返交大，并晋升为教授。

姜长英在底特律

1949 年上海解放，姜长英满怀喜悦地

留在上海，留在交大。1952 年院系调整，姜长英随交大航空系迁入在南京新建的华东航空学院。1956 年，为支援内地建设，年过半百的姜长英毅然随校西迁，学校改名为西安航空学院，次年又改为西北工业大学。姜长英不顾西北生活的艰苦，全力投入教学和研究工作。1982 年，姜长英开出“中国航空史”课程，这在全国高校属首创。1987 年，83 岁高龄的姜长英还招收了研究生。他博学多才，学科广泛，先后授课二十余门，样样精通。他为航空教育耕耘一生，鞠躬尽瘁，为中国航空事业培养了大批骨干人才。

1930 年姜长英在沈阳东北航空军司令部工作时，就开始收集航空史料，拍摄他所见到的飞机照片，记录飞机修理厂的组织机构和人员名单。1933 年，航空署要出一本航空年鉴，其中中国航空史一直没有人写，学航空的没有人写，学历史的也没有人写。姜长英说：“我曾自不量力，想写一本中国航空史。”为此他节衣缩食，收集和购买航空书刊，不管局势动荡或者工作变迁，他都坚持不懈，并于 1949 年 8 月写出了《中国航空史料》（简称《史料》）初稿，1959 年写出《中国古代航空史话》（简称《史话》）一稿，1965 年又写成《中国近代航空史稿》（简称《史稿》）。

这三本史料的内容，横跨上下五千年，一直写到中华人民共和

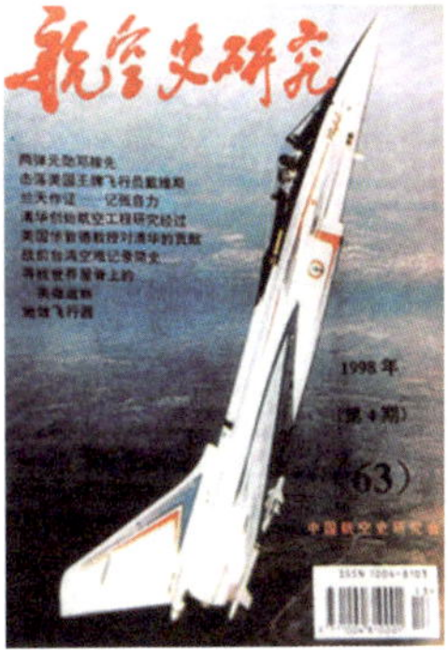

姜长英的著作

国成立之前。写作时间长达三十多年，丰富翔实的史料，科学系统的分析，由姜长英一人独自完成是一项惊人之举。然而这些著作的命运多舛，尤其在“文化大革命”中更受到批判。但姜长英编史决心矢志不移，他坚信：“鉴古可以知今，了解过去可以指导将来”。他的著作“可以使读者了解我们祖先的巨大贡献，增强民族的自豪感，相信自己的聪明才智，能克服崇洋媚外的自卑心理，因而有助于中国的建设”。正是在这种崇高的爱国爱民之心的支撑下，他顶住了各方面的压力，坚持写作和研究，不断修改旧稿，增补新资料，撰写新稿。《史话》《史料》和《史稿》终于在 1982 年由学校分别铅印成讲义，作为航空史教材内部使用。这本印刷质量很差的内部讲义，立即引起全国史学界的轰动，史料之丰富，内容之翔实，成为航空史研究者珍藏之宝，内容已被许多专家学者所引用。著名科学家钱学森，1982 年 11 月专门写信给姜长英：“您多年来研究中国航空航天历史，很有成绩，发表论文多篇，今又把积稿印成专著三册一套，实可敬佩！我希望您能将讲义整理成《中国航空航天史》，出版流传，以教育后代。”于是姜长英再易其稿，增添照片，一部积六十年心血，又屡遭挫折的巨著《中国航空史》，终于由西北工业大学出版社在 1987 年 6 月正式出版了。时任国防部长的张爱萍将军题写了书名。

这是一部由中国人自己写的中国航空史，也是当时唯一的一部最为全面、最为系统、最为完整和最为翔实的中国航空史料，它的出版立即受到航空史学界的高度评价。因此，不论从哪个角度看，《中国航空史》都是一本经典性的航空史著作。该书也奠定了姜长英在中国航空史研究领域里最高的学术地位，成为中国航空史的奠基人。这本书的影响不仅超出了航空界，甚至超出了中国。美籍学者朱永德先生将这部著作介绍到海外。2000 年 10 月，包括姜长英全部史稿的《中国航空史》（新版），由清华大学出版社正式出版了，终于在 20 世纪末了却了这位世纪老人的夙愿。

姜长英深知培养航空史研究人才的重要性，进入改革开放年代，尽管80高龄，姜长英还是坚持给学生上“中国航空史”课，1987年招收航空史研究生，1988年组建“航空史研究室”。1989年，创建了“中国航空史研究会”，并多次举行了学术交流会，现有海内外会员三百五十多人，吸收了不少中国近代史的见证人，抢救了一批珍贵史料，也吸引了一大批中、青年航空史研究者，一个庞大的航空史研究队伍已经崛起，一批有水平的航空史著不断问世，姜长英的心愿实现了，这是他为中国航空史的研究，为中国航空事业的发展作出的又一突出贡献。姜长英也因此获得国家级“有突出贡献的专家”称号，第一批享受政府的“特殊津贴”。姜长英除任中国航空史研究会理事长、名誉理事长，《航空史研究》主编、顾问外，还兼任《航空知识》编委和《中国大百科全书》（航空·航天卷）编委。

2006年6月姜长英在西安病逝，享年103岁。

剑胆琴心 一代宗师

黄自，（1904—1938）字今吾，1904年3月生于川沙镇内史第。父亲黄洪培为黄炎培堂兄，辛亥革命后参与地方政事，曾担任川沙县议事会副议长和交通局副局长。母亲陆梅先，又名开群，是一位德才兼备的知识女性。

1910年，黄自进入上海初级小学（位于上海老城厢小南门）学习。1911年，转入浦东中学附属小学就读。1916年，考入北京清华学校，开始接触西方音乐。在清华期间，黄自积极参加音乐社团活动，学习钢琴和声乐，成为清华园内赫赫有名的学生“音乐家”。1924年秋，黄自以优异成绩从清华毕业，获得庚子赔款赴美深造。在美国俄亥俄州欧伯林大学主修心理学，同时选修乐理、视唱听写、键盘和声等音乐课程。1926年，黄自从欧柏林大学毕业获文学士学位，因为在校期间品学兼优，黄自还被校方提名为全美优秀大学生学术荣誉组织——法·培德·嘉派学会会员。

源于对音乐的热爱，留美期间，黄自始终没有放弃系统学习音乐的念头。正巧毕业时由于官费留学的期限未到，他得以重入欧柏林大学音乐学院专业学习音乐理论与作曲。两年后，又转学至耶鲁大学音乐学院，继续主修音乐理论与作曲。1929年，黄自以毕业作品《怀旧》获得音乐学士学位，并在耶鲁大学音乐学院的毕业音乐会上公演。同年8月，黄自取道欧洲，在游历了英、法、德、荷、意等国后回到祖国，并且很快被聘为上海沪江大学音乐教授，同时在上海国立音乐专科学校兼课。

1930年，应上海音乐专科学校校长萧友梅博士聘请，黄自辞去沪江大学教职，担任音专教授兼教务主任。1931年，“九一八”事变后，黄自与音专师生组织抗日救国会，赴浦东等地宣传抗日救国思想并为东北义勇军募捐。年内11月，由黄自作词、作曲的我国最早的以抗日救亡为题材的合唱作品《抗敌歌》问世，由音专学生在广播电台首次演唱。胜利公司将其灌成唱片发行。1932年“一·二八”事变爆发，黄自创作了四部混声合唱《旗正飘飘》。《旗正飘飘》成为抗战前后音乐会中的保留节目。

1932至1935年，黄自受商务印书馆委托，与应尚能、张玉珍、韦瀚章等人，共同编写初中音乐教材，共计六册。黄自承担了音乐教材编写的主要工作，完成了“和声”和“欣赏”部分。六册音乐教科书中所收入的六十九首歌曲中，由黄自创作的达到二十八首。其中包含《九·一八》《睡狮》《雨后西湖》《秋郊乐》《本事》《西风的话》《峨眉山月歌》《花非花》《点绛唇·赋登楼》《南乡子》《卡农歌》《淮南民歌》等作品。这部音乐教材从1933年至1936年期间，再版次数达十一次之多，对当时音乐教育产生了极为重要的影响。1933年3月底，黄自率领音专师生在杭州举行两场“抗日音乐会”，并主持报幕。音乐会以《抗敌歌》《旗正飘飘》为压轴节目。1935年10月，黄自为进步影片《都市风光》创作了片头音乐《都市风光幻想曲》，由帕契指挥上海工部局交响乐团录制成唱片。同年11月1日，黄自发起创办第一个由中国人组成的上海管弦乐团。黄自、谭小麟任正副团长，吴伯超、李惟宁任正副指挥。

作为音乐教育工作者，黄自是上海音乐专科学校初创时期集教务和教学于一身的顶梁柱，是当时理论作曲组唯一的专任教员，独自一人承担了 11 门课程的教学，此外还兼授西洋音乐史和音乐领略法两门全校性的共同课，培养出贺绿汀、陈田鹤、江定仙、刘雪庵等中国近代著名音乐人。他提出建立“民族化的新音乐”口号，对他的学生贺绿汀、刘雪庵等产生深远的影响。黄自常对学生说，“你们努力，我比你们更努力！”黄自在上海音专的教学态度相当严谨，授课前都要自己编写大量讲义。有次妻子对他说：“这些课你早就非常熟了，为什么还要花那么多时间准备？”黄自回答：“熟了还没用，只有充分准备以后，才能让学生吸收进去。”

1937 年，抗战全面爆发后，黄自辞去教务主任之职务，集中精力从事教学和编写《音乐史》及《和声学》两部著作。

1938 年 5 月 9 日，黄自因患伤寒，不幸病逝于上海红十字会医院。年仅 34 岁。临终前，他对夫人汪颐年女士说：“你快去请医生，我不能就此死去，还有半部音乐史没有写完呢！”

黄自短短的一生，为后人留下了 94 首包括交响乐、室内乐、钢琴复调音乐、清唱剧、合唱、独唱、教材歌曲等多种体裁形式的音乐作品，15 篇涉及理论创作、批评、欣赏、作家、历史等方面的音乐论著，56 讲有关音乐常识的课文，3 部未完成的音乐书稿。

黄自是中国著名的现代作曲家和音乐理论家，第一个系统地全面地向国内学子传授欧美近代专业作曲理论的音乐教育家。他留学美国的毕业作品《怀旧》是我国第一部交响音乐作品，也是最早在外国演出的一部中国交响作品。他为《都市风光》所写的片头音乐《都市风光幻想曲》是我国第一部具有专业水平的片头音乐。他所作的《抗敌歌》《旗正飘飘》《长恨歌》是我国最早的两首抗日救亡合唱歌曲和最早的清唱剧。

黄自推动中国音乐事业发展，不遗余力，在其作品中最有影响力的当属艺术歌曲。黄自是 20 世纪 30 年代艺术歌曲创作繁荣时期，最有创作价值也最有影响力的作曲家。

伫立在上海音乐学院的黄自塑像

思乡
韦瀚章词
黄自曲
Andante
柳丝
过了，独自个凭栏无语。更那堪
墙外鹃啼，一声声道："不如归去！"
長恨歌
一.仙乐風飄处处聞
Allegro ma non troppo
玫瑰三愿
1=E 6/8 9/8
稍慢
龙七词
黄自曲
玫瑰花，玫瑰花，烂开在碧栏干下。玫瑰花玫瑰花烂开在碧栏干下。
我愿那妒我的无情风雨莫吹打！
我愿那爱我的多情游客莫攀摘！
我愿那红颜常好不凋谢好教我留住芳华。
写于1932年
本曲谱上传于 中国曲谱网

黄自谱写的曲谱

艺术歌曲的特质，就是运用“音乐、诗歌、钢琴伴奏三位一体”的技法，创作艺术性极高的歌曲。中国20世纪上半叶艺术歌曲的创作，是将德国、奥地利等西方国家艺术歌曲的创作技法，融入中国音乐传统中，形成富有民族色彩的歌曲形式。舒伯特是西方艺术歌曲的代表人物和典范，而黄自则是在舒伯特的基础上又经过了自己的深入研究，登上了中国作曲家在艺术歌曲界的一个高峰。

黄自创作艺术歌曲时，着重歌词和音乐的结合，善于用精炼的音乐语言表现诗的意境，歌词富有诗意和较高的艺术性。

艺术歌曲在他的声乐作品中所占比重极小，但是却都写得极为细致考究和富于情感表现力。《花非花》《燕语》《踏雪寻梅》《卜算子·黄州定慧院寓居作》《春思曲》《思乡》《玫瑰三愿》《点绛唇·赋登楼》等，不仅一经问世就不胫而走，而且具有久唱不衰的生命力，至今成为许多歌唱家的保留曲目。

被誉为中国现代音乐学先驱者的赵元任对黄自有着极为中肯与独到的评价：“黄自的旋律是流畅的”，“黄自的和声大半是朴实得如其为人”；“他的长处是做什么像什么，总是极得体，总是极好唱，我曾经称他为现代中国最可唱的作曲家。因为这个的缘故，我赞成现在学作曲的学生们把研究舒伯特、勃拉姆斯等人的工夫至少匀一小部分来注意点黄自的音乐。”

黄自的学生、上海音乐学院院长贺绿汀说：“没有黄自先生教导，我在音乐创作上也不可能有什么成就。”

中国知名作曲家刘雪庵评说：“恩师谦虚和蔼、平易近人、循循善诱，使见者都有亲热感。”

田汉盛赞：“黄自是最有青年气的音乐家，他学习音乐的动机是为民族国家。”

著名音乐家、音乐教育家钱仁康更是肯定黄自为“本世纪华人音乐创作史上的一代宗师。”

是非功过
后人评说

张惠芳（1905—1990）又名阿六（阿六之称胜过大名惠芳），1905年出生在川沙顾路乡一个贫苦农民家中。幼年父母双亡。6岁时，过继给舅父龚金荣。龚金荣好吃懒做，嗜赌成性，把家产输得精光。舅父龚金荣死后，张惠芳生活失去依靠，一度以讨饭、偷偷摸摸为生。14岁那年，随叔父去上海一家营造厂学做泥水匠。满师后依靠泥水匠手艺养家糊口。后与人合伙贩卖私盐。不料没干多久，被抓坐牢。吃了一年多官司出狱后，张重操旧业，并且发展到与一帮海匪勾结，在五号沟开设盐务公司，大量贩运私盐。

1937年，中日淞沪战役后，国民党军队撤离浦东。一时间浦东川沙地区兵荒马乱，盗贼四起。张惠芳见有机可乘，打起抗日旗号，纠集五六十人组织起别动队，自任大队长。1938年5月，日军入侵川沙，几支别动队顿时溃败。张惠芳抓住机会，收编其残部，扩充了自己的实力，自封为“奉南川三县总司令”。同年，张惠芳拜青帮“通”字辈头目黄兆信、蒋福田为老头子，并由蒋福田举荐，与国民党第三战区司令顾祝同接上关系。顾祝同就此收编张惠芳所部，给予武器弹药扩充实力，并且改编为“江浙边区民众自卫队”，后改称“江苏省海上游击队”，委任张为司令。

1939年秋，国民党军统组织将张惠芳所部改编为“忠义救国军独立第一支队”，不久改称“忠义救国军海上游击支队”，任命张为司令。从此，张所部成为国民党军统外围抗日武装组织。

自从张惠芳部队为国民党收编，并进行改造后，战斗力有所增强，发动了对日军的多次袭击。

抗日战争期间，日军在上海大场修建了军用机场。每天从这里起飞的日军飞机给中国军民造成无数的死难。如果在日军的后方偷袭大场机场，必将大灭日本侵略者威风，大长中国军民志气。张惠芳与手下商量后，作出了偷袭爆破大场机场的决定。1943年春末，张惠芳与爆破组组长葛绍基制定了偷袭大场机场的行动计划，并且电告重庆军统局局长戴笠，要求提供高性能炸药。戴笠接电后当即派出爆破专家，克服重重困难来到上海。张惠芳吩咐葛绍基组成爆破行动队，由重庆专家任教官，对爆破行动队进行了为期3个月的爆破专业训练。其间，葛绍基装扮成打杂的民工混入大场机场，侦察机场内部地形、设施及岗哨活动等情况。11月2日深夜，葛绍基率领由14人组成的爆破队，携带炸药悄无声息地潜入大场机场。一入机场，爆破队员快速接近停机坪，把炸药固定在飞机的要害部位后立即撤离。只听见身后接连几声巨响，大场机场火光冲天。事后得知，张部此次行动一举炸毁日机4架。

1944年8月27日深夜，张惠芳又指示葛绍基率领一支12人的爆破队，潜入丁家桥（今月浦）王浜机场实施爆破，炸毁飞机1架、汽车4辆。除了偷袭机场炸飞机外，张惠芳部队还对日军的战略物资实施破坏。最为壮烈的行动是在黄浦江上爆炸日军装载油料的运输船，成为当时上海滩争相传说的一大新闻。那天夜里，张惠芳所部爆破手刚刚攀登敌人油船，就被警觉的日军哨兵发现。正当日军哨兵冲过来时，爆破手毫不犹豫地拉出了随身炸药包的导火索，奋不顾身跳上汽油船，与油船同归于尽。一时间，黄浦江上火光满天，江水殷红，响成一片！

1945年美军派出空军援助中国抗日战争。每当美机遭到日军炮击时，张惠芳就会下令手下全力以赴，营救机毁后跳伞的美国飞行员。4月2日，美国飞虎队成员斯诺克姆奉命轰炸日军上海江湾机场。轰炸中，斯诺克姆的飞机不幸被日军炮火击中。斯诺克姆驾驶着受伤的飞机飞越黄浦江，最后坠落在浦东高桥南部地区。张惠芳所部凌关根和黄明初发现美机失事，急忙赶赴现场，找到了跳伞受伤的斯诺克姆。当时斯诺克姆驾驶的飞机坠毁时，将一间民房撞毁，一名老妇被烧得面目全非。起初，日军以为美国飞行员已被烧死。后来发现死者不是美国飞行员，于是展开大搜捕，追查美国飞行员下落。张惠芳所部凌关根等人保护着美国飞行员与日军周旋。为了躲避敌人的搜查，一天内常常要转移好几次。有许多次几乎陷入无处可躲的险境。经过四十多天的周折，张惠芳所部终于安全地将美国飞行员送至目的地舟山，由美军派飞机接走。仅1945年春夏，张惠芳所部就先后营救了多名美军飞行员。为此，他受到美军嘉奖，美国政府还授予其将级勋章。1981年，被救的飞行员斯诺克姆在报上发表文章，回忆在中国被救之事。张惠芳见文后，与斯诺克姆见了面。后来美国退伍军人组织颁发给张惠芳一枚纪念章，表彰他给予美军的帮助，并且获得允许在美国居住的绿卡。

抗日战争八年中，张惠芳与新四军部队既合作又摩擦。当苏北新四军派人到上海采购军用物资时，多次得到他的帮助，使运往苏北的货物能顺利出海，安全运抵苏北根据地。但是他也曾经杀害过新四军的物资采购人员。从1937年10月至1945年8月，张惠芳担任国民政府川沙县地下县长达近八年。1945年9月，张又任抗战胜利后第一任川沙县县长，并将办事机构从顾路迁至川沙，接收了日伪川沙县政府机构。1945年11月，国民党江苏省政府公布县政府组织法，实施县政府改组。年底，张卸任川沙县县长之职。

1946年，张惠芳所部改编为交警十八纵队，张任纵队少将副队长，活动于沪宁线上，与共产党为敌。1950年逃亡台湾。在台湾，张惠芳领澎湖舰队中将司令衔，后移居美国。1989年回乡探亲，表示愿为两岸统一做工作。1990年，张惠芳病逝于美国，享年85岁。

对于张惠芳，在川沙民间有着许多的传说，这似乎也不奇怪，完全符合他的多样人生——当过土匪、县长、国民党军队中将，是抗日勇士、是孝子，也和共产党新四军合作过，但是也杀害过新四军、共产党。

一次在偷袭顾路镇日军据点的战斗中，有几个部下牺牲了。此后，张惠芳每次路过这几个部下的坟地时，不管多忙，都要停下来三鞠躬，以示哀悼和抗击日寇的决心。1953年，张惠芳只身一人搭乘渔船，从海边进入川沙顾路地区，上岸后化装成收破烂的小贩，在光天化日之下将自己的母亲接到台湾。

1989年，回乡探亲时，张惠芳来到顾路中学（原名惠民中学，由张惠芳初创）校长室。校长为他泡了一杯茶，他却说喜欢喝白开水。当他接过校长手中的白开水喝了一口后说："甜，甜，甜！这是家乡水，喝在嘴里是甜的。"他把杯子递给与他同来的儿子，让他也喝一口。此时此刻，张惠芳十分感慨地说："但愿两岸尽快统一起来，到那时就能经常喝到家乡水啦。"

勤俭修德 捐资助学

陶伯育(1906—2006)，川沙蔡路跃进村人。浦东同乡会会员。

浦东第一所侨资捐建的中学——侨光中学，就是陶伯育先生捐赠建造的，体现了陶先生的爱国爱乡情怀。

陶伯育年幼时只念了几年书。14 岁就外出拜师，学泥水匠。他勤奋刻苦，聪明能干，没有几年就积累了一定资金。1927 年，那时他才 21 岁，就在上海创设陶记营造厂。

陶伯育的经营之道，讲究信誉，注重质量。在上海营造行业享有良好口碑。先后承建虹口大楼、巨福公寓、迦陵大楼、南京下关火车站、英商大通银行等工程。迦陵大楼是陶伯育的代表性建筑，由英籍犹太人哈同投资兴建。大楼位于今南京东路99号(四川中路 346 号)，占地面积 1084 平方米，建筑面积 10110 平方米，于 1937 年竣工。大楼整体为混凝土结构，北低南高沿街建造，大楼顶部呈阶梯状，分别为 8 层、10 层和 13 层。建筑没有繁复的装饰和线条，显示了现代大楼简洁明朗的风格。除勒脚为花岗石外，其外墙立面为水泥饰面，压顶配几何图案纹饰与线脚，顶部为台阶状造型。大楼内部水暖、消防设施俱全，用桃木作护壁，柳桉木作地板，石膏花纹作天花线脚，是一栋别具风格、中西结合的建筑。新中国成立后，大楼更名为“嘉陵大楼”，现为上海市工商银行国际业务部办公楼。

20 世纪 30 年代，陶伯育到福建承建公路 1500 公里。上海解放前，他到香港发展，开办陶记企业股份有限公司，任董事长。凭着他不屈不挠的艰苦创业精神和聪明才智，在香港建筑界成为领军人物，被选任为香港苏浙同乡会常务理事，致力于同乡会会务活动和社会公益事业。他除了在香港经营房地产外，还拓展到中国台湾、印尼婆罗洲、越南西贡等地承建工程。

陶伯育少年时家贫，只读了几年书便辍学，成年后深感学习文化知识的重要。所以他一直关注、热心支持家乡的教育事业。1947 年，他曾与陶友川在川沙北门创办王桥小学（后改为王桥中学），并担任董事。

陶伯育生活极为俭朴，虽拥有巨资，但日常生活粗茶淡饭，肩上背的是一只用旧了的挎包。从外表看，他只是一个最普通的市民。他在香港、台湾各捐资兴办学校一所。“文革”期间，他准备回家乡捐资办学，终因世事动乱而未能如愿。

改革开放后 1979 年春，陶伯育来到家乡观光。他来到石皮路沈敬之先生家，关切地说：“敬兄，你还住这么陈旧的老房子啊？”沈回答：“蛮好了，只要好住就满足了！”陶伯育热情地说：“我送些钱给你，把老房子好好修修，住得舒服点。”沈敬之连连摇手说：“伯育弟，谢谢侬，我不要。要嘛侬为家乡人民做件好事，比如资助办教育……”陶伯育满口答应。1980 年 5 月，沈敬之去香港探亲时，与陶伯育进一步商谈，陶伯育慷慨地表示：“我愿捐赠 100 万人民币”。沈敬之回川沙后即向县委、县政府领导作了汇报。

1985 年 4 月的一天中午，捐赠心切的陶伯育在夫人、女儿和沈先生陪同下，等候在咖啡厅，一边喝咖啡，一边吃着自带的馒头。当川沙县教育局长姚金梧赶来会见时，陶伯育开门见山地用浦东话说：“我小时候家里穷，经济困难，没读几年书。我想捐资 80

陶育亭

万港币办个学校，让川沙的小囡有个读书的地方……”

根据陶伯育意愿，在县政府有关部门的规划下，新学校于1986年5月在新德路463号破土动工，同年12月竣工，建筑面积2700平方米。校舍建成了，校名取啥？县政府有关领导向陶伯育建议：“或者叫‘伯育中学’，或者叫‘陶育中学’”。陶伯育谦虚地说：“这是我们华侨应该做的事，也是华侨的光荣！”接着，沈先生说：“我提议校名为‘侨光中学’！”得到了大家一致赞同。

1987年7月2日，阳光明媚，侨光中学举行隆重的校舍落成典礼。陶伯育风尘仆仆，专程从香港赶来，亲自为学校揭牌、剪彩。时任县委书记孟建柱主持了落成典礼。时任上海市副市长谢丽娟将市政府颁发的《荣誉证书》郑重地授予陶伯育先生。此时此刻，实现了多年夙愿的陶老先生露出了欣喜万分的笑容。

侨光中学开学后，陶伯育时刻关心着学校的发展和教育的发展。他把“勤俭修德”定为学校校训。听说学生成绩名列前茅，他高兴地每年给教师发奖金。看到学校教学设备简陋，他立即赠款十万元港币添置了电脑、彩电。看到学校规模扩大了，校舍紧张，他又捐款三十万元港币，建造了第二幢教学楼。在侨光中学十周年校庆时，他挥毫泼墨，为《侨乡之光——“小珍珠”文学社优秀作文选》题词：“为乡育才”。

陶伯育一生俭朴，每次回家乡，他从不吃山珍海味，却要吃咸菜汤面或菜饭，然而在捐款办学和社会公益事业上却十分慷慨，从1987年起的十年间，他对川沙地区的侨光中学、观澜小学、王桥中学 、园西幼儿园、少年宫、川沙古城墙、岳碑亭古迹等捐资两百多万元港币。他的一颗拳拳赤子之心，一片浓浓桑梓之情，为川沙人民称颂，被选为川沙县海外联谊会名誉会长、侨光中学名誉校长。20世纪80年代，川沙县人民政府特意拍摄了电视片《故乡行》，详尽地介绍了陶伯育心系家乡的感人事迹。

为纪念陶伯育的义举，侨光中学繁花似锦的校园里兴建了古朴

陶伯育（右二）在侨光中学落成典礼上

雅致的“陶育亭”。1986 年 12 月，川沙县人民政府在侨光中学大楼内立志：“陶伯育先生一贯热心家乡教育事业，耄耋之年，爱国情深，恩泽桑梓，堪为楷模，为嘉助乐善之德，是为志”。

2006 年 2 月，陶伯育因病医治无效，病逝于香港，享年 100 岁。

斯人已逝，德被川沙！

版画先驱 艺术创新

江丰（1910—1982），原名周熙、周介福，浦东川沙人，是我国著名的版画家、中国美术界的领导者。少年时家贫，曾业余在“白鹅绘画研究所”学习西画。后受鲁迅倡导的新美术影响，开始创作革命题材的版画。1931 年参加“中国左翼美术家联盟”，任执行委员。1932 年 3 月参加中国共产党。“九一八”事变后，创作木刻版画宣传抗日救国。“七七”事变后，赴延安主编《前线画报》。继而调至鲁迅艺术学院，任陕甘宁边区美术界抗协主席。1949 年新中国建立后，任中央美术学院院长、中国美术家协会主席、党组书记。

版画是视觉艺术之一，是艺术家在各种不同材料（木、石、铜、锌、胶木等）的版面上，通过手工雕刻或蚀刻制版，再印刷而成的一种绘画。江丰是我国新兴版画运动的先驱者，是鲁迅先生创办的我国最早的木刻讲习班 13 位学员之一。当时，他是以地下党员的身份，在一些进步美术团体之间担任组织联络工作。通过冯雪峰然后与鲁迅取得直接联系，亲聆鲁迅的教导和指示。当进步美术团体“艺社”遭到国民党反动派的迫害而不得不解散以后，1932 年，江丰又和艾青组织“春地美术研究会”，继续开展革命美术活动。

他们为上海的抗日团体印画报，江丰负责此画报的编辑出版工作。鲁迅先生曾托冯雪峰向他们要了一些画报专门珍藏起来，今天这些画报作为革命文物被保存在鲁迅博物馆。

中国的新兴版画，以与人民保持血肉联系，具有鲜明的革命战斗性为其特色。江丰当时是“美联”成员，他除了忙于木刻运动的组织工作外，还创作了一批带有强烈革命倾向性的木刻作品，如《劳动》《老人》《示威》《到前线去》《母与子》《码头工人》《要求抗战者，杀！》等。这些作品有的揭露旧社会的阶级矛盾，表现劳苦大众在贫困生活中的痛苦、挣扎、反抗，有的宣传汹涌澎湃的抗日救国运动，同时在艺术上达到一定的水平。

抗日战争的烈火燃起后，江丰是最早奔向革命圣地延安的版画家之一。他随身带去的200多幅木刻作品，使延安的美术青年首次得到观摩国内木刻家原作的机会。那时，江丰在八路军政治部宣传科工作，是他首先提出了版画的民族化问题。他还极力主张木刻与年画形式结合，号召延安的版画家学习中国民间木版年画的优秀传统。延安期间，江丰起初负责编辑《前线画报》，后任鲁迅艺术学院美术部主任、陕甘宁边区政府文委委员、八路军后方留守兵团文委委员，并当选陕甘宁边区美术界抗敌协会主席 。

早在20世纪40年代“延安鲁艺”华北联大期间，江丰和蔡若虹、王曼硕等人一起，创造了解放区美术教育的新经验。较之“五四”以来历次美术教育变革，是更为伟大、更为深刻的革命。延安鲁艺培养了一代精英，如古元、彦涵、力群、罗工柳等。他们投身于火热的革命斗争之中，在艺术创作上取得了重大突破。他们的作品，不仅生动地塑造了工农兵的形象，展现了人民革命斗争的历史，而且形成了老百姓喜闻乐见的中国作风和中国气派，解决了“五四”运动以来新美术始终未能解决的大众化、民族化的问题。

新中国成立后，江丰在他领导的中央美院和华东分院，都成立了专门的版画系。他在中国美协设立了版画组，推进全国的版画

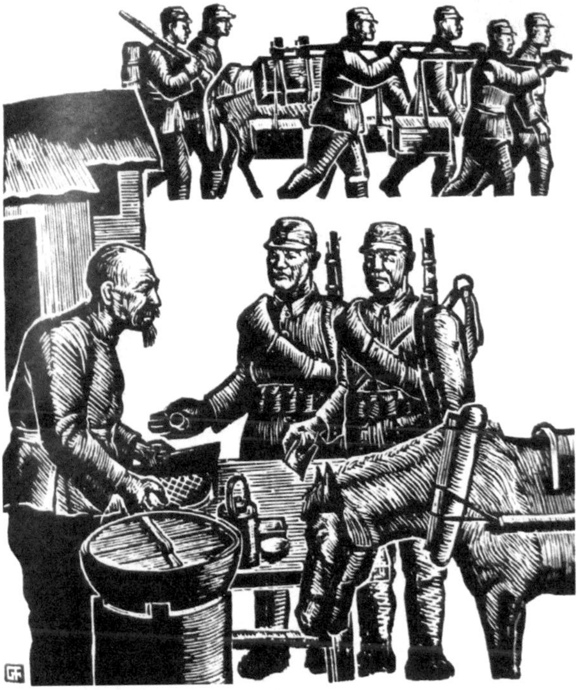

江丰木刻作品

江丰一家

江丰在中央美院开学典礼上

创作活动。1956 年他倡议创办了《版画》杂志，实现了鲁迅先生生前的夙愿。

1957 年，江丰在政治上受到了不应有的打击，可他仍以一个革命者的胸怀，一如既往地倾注于党的美术事业，积极对待各项工作，表现了他胸襟坦荡的高贵品质。党的十一届三中全会后，他更加珍惜晚年，在百忙中仍时刻想到中国的版画事业。倡议成立中国版画家协会，江丰接受大家的拥戴当了名誉主席。

江丰是我国无产阶级美术教育事业的领导人之一，他在美术教育工作中开拓的新领域，成功的治教方针和办学原则，以及在教学方法中的新建树和新经验，至今仍在被效法、沿用，是对社会主义美术教育思想的重要贡献。

江丰热情支持美术战线上的新生事物，关怀青年美术工作者的成长。对于中国画，江丰思想的主流是改革，主要表现在促进中国画反映人民生活，反映革命现实，摆脱因袭模仿，提倡写生，培养新人等方面。他非常注意叶浅予、李可染等画家从写生入手的变法。当他发现黄胄能从生活出发，注重速写和写生，塑造新人物，表现时代感情时，抑制不住兴奋的心情，即建议在美院举办黄胄展览。当时黄胄还不为人知，他不拘一格，提携后生。江丰以此作为中国画改革的一种艺术实践向美术界推荐。

他还派一些年青同志学习中国画，到国画系做研究生。对周思聪、卢沉等深入反映生活，表现时代感情，在中国画艺术上所作的探索与追求，江丰给予热情鼓励。同时热心提倡画的工笔重彩，认为这个画种深受 8 亿农民的喜爱，要求在教学上予以重视。至于他对建筑美术、工艺美术提出的新课题，探索各学科间的协作，适应现代城乡建设的发展，也是为人所称道的。

在严肃的外表之下，江丰是一个炽热的长者。他对新作、新人的爱护，是由无数细小的事情所组成。有一个工人，在“文革”中写出《怎样练习钢笔字》一书，一家出版社准备为其出版。身为中国美协主席、文化部顾问的江丰，竟然没有一点架子，热情地为其书写前言。

1982年9月，江丰在一次会议期间发病去世，终年72岁。几天后远在美国的江丰的学生陈丹青撰文追忆老师：

“一九七九年初，我正在美院油画研究班学习，当时的情势大家该都记得，有一阵子盛传江丰要出来工作了。此前，这个名字是忌讳的，于我们年青人则很陌生，在当时的首届民办画展“迎春画展”上，我们第一次知道真有这么一个“江丰”活着，因为画展的序就是江丰亲自写的。听说这份内容、言辞都大不同以往的序不胫而走，很快被传抄到各地。不多久，我们班竟也弄出一张吁请江丰回美院当院长的大字报。还写明凡同意的人士请在其上签名。

大字报出去后，我们照常画画。其时文化部已经任命江丰同志出任院长，我们却还不知道。五月的一天，就任的大会就在礼堂召开了。听不少老师说，江丰办事雷厉风行，性子急，易激动，常会发火。我那天站在末排，依着这描述、经人指点寻到江丰老师本人时，多少有点失望。他讲话的上海口音很重，远远看去，那容颜让我想起我外婆。他那天说了些什么，我记不清了，但他发言时不断举起右手，向上方指戳，挥动的手势，给我印象很深，比他的音容有力得多。由于日后一再见到他这手势，现在想来，几乎比他的相貌还更清晰。

此后他就很忙。再见到他，已是在我们毕业作品展览的座谈会上。他背向我们坐，我又在末排，只见到他稀发的后脑。但发言时右手一举，指戳挥动，看去觉得好熟悉似的。那次发言是他典型的“风格”：那么偏激，但听来痛快，见出他的无私率真，见出他绝非是那种遇事表态不痛不痒、麻木不仁的人。他说到油画的不景气，说到画家条件的亟待改善，措辞激烈，毫不客气，仿佛同谁吵架，还带出一句咒骂。在我惊讶之际，四座却轰然鼓起掌来。他不等掌声息了再讲，声音反更加高亢，之后又是二次自发的鼓掌。我当时看不见他脸上的神情，话全听见了，就跟着一起鼓掌。

……

近日正想选拍（陈丹青画作的照片）了寄去，却不料听到了江丰老师去世的消息。我又想起老人的手势、神色和上海口音的言谈。这几天我遥想九月十三日老人在会议间病发时，很可能正是在这动作和激烈的发言中。每想到那情形，泪就会涌上来，象这样子的逝去，恐怕也只江丰老师一人吧？”

（一九八二年九月廿五日自纽约）

2011 年 12 月，由文化部、中国文联主办，中央美术学院、中国美术家协会承办的“纪念江丰百年诞辰活动”在中央美术学院开幕。作为美术家，这是中国最高规格的纪念活动，也是对江丰这位德高望重、功勋卓著的版画家、美术教育家、美术界领导者的充分认可。

编结大师
编织生活

黄培英（1913—1983）出生在川沙镇内史第，现代编结工艺家。20世纪30年代就已经成为知名编结专家，广泛传授编结技艺，作品受到文化艺术及社会各界知名人士欢迎，并获得金、银奖章。出版专业书刊20多本。

19世纪末叶，中国还没有自己的国产毛线，女孩子扎辫子的头绳都是手工做的毛线、纱线、丝线。当时毛线称为“毛冷”，“冷”是英文“line”的译音。“毛冷”的颜色远比纱线、丝线繁多、鲜艳，受到爱美女孩子的普遍欢迎。上海许多专营毛线的商店都称为“毛冷店”，连那时的同业公会也叫“毛冷业同业公会”，以后才逐渐改称为毛线，上海人也叫做绒线。

进口绒线自进入中国市场后，随着编结法的推广，被大量用于编织毛衣。精明能干的家庭主妇们很快就发觉了绒线与其他纺织品相比优点多多：使用棒针手工编结的绒线织物质地松软，有良好的抗皱性与透气性，并有较大的延伸性与弹性，穿着舒适。绒线的色彩、粗细、品种规格繁多，选择度很大，而最大的优点是可以反复拆拆结结，不断翻新，并编织出各种各样的新花样，织成的毛衣不仅美观保暖，而且经济实惠。于是，绒线很快就风靡市场，当时上海的兴圣街(现永胜路)成为全国绒线业中心，有“绒线街”之称。但由于绒线是舶来货，传入中国不久，妇女们大多数还不会编结；少数几个会编结的，也只会几种花样，久而久之，兴趣索然。为了招徕顾客，有的绒线店就聘请有名的绒线编结师教授编结法。当时上海最著名的绒线编结师有黄培英、冯秋萍、鲍国芳等，她们自创的编结花式新颖繁多，为众多女性顾客所青睐，于是她们成为各毛线店争相延聘的对象，“海派编结”也发展成为一门独特的手工工艺。

黄培英生于1913年，曾用名静汶，她的母亲陆开群筹办的“开群女校”是浦东最早女校之一；他的哥哥是中国著名音乐家黄自；她还是中国近代职业教育的创始人黄炎培先生的堂侄女。她从小就对编结有着特有的天才，六七岁时就和小姐妹们结伴编织毛线、绒线的花样，15岁时又向一对日本夫妇学习编结，掌握了精湛的绒线编结技艺，1928年，16岁的黄培英就开办培英编结传习所，并参加上海市工商部举办的中华国货展览，展品分别获特等奖、一等奖，得金、银质奖章，并获绒结代针机专利执照。之后应聘于上海丽华公司、荣华和安乐绒线厂教授绒线编结技法。以后又在中西、市音等商业电台讲授绒线编结知识。在20世纪30年代，她独创的桃、李、梅、蔷薇等花型的镂空毛衣，成为当时女士们的时髦外套；1933年她编写的《培英丝毛线编结法》一书，发行量高达30万册，打破了当时出版纪录。

1946年10月，黄培英编著了《编结特刊》，由于汇集了当年沪上各界名流、社会贤达、演艺界名伶等多人的题词手迹、照片，使这本专门介绍毛衣编结法的小册子异彩纷呈。《编结特刊》封面为京剧名伶童芷苓身穿黄培英亲手织就的最新款式毛衣的靓装照，封二为名伶曹慧麟的照片，封底为大华绒线公司愚园路支店的全景彩图，扉页为当年上海滩声名显赫的要人名流题词手迹，如潘公展题“一编传习女红事，幸把金针度与人”，吴铁城题“编

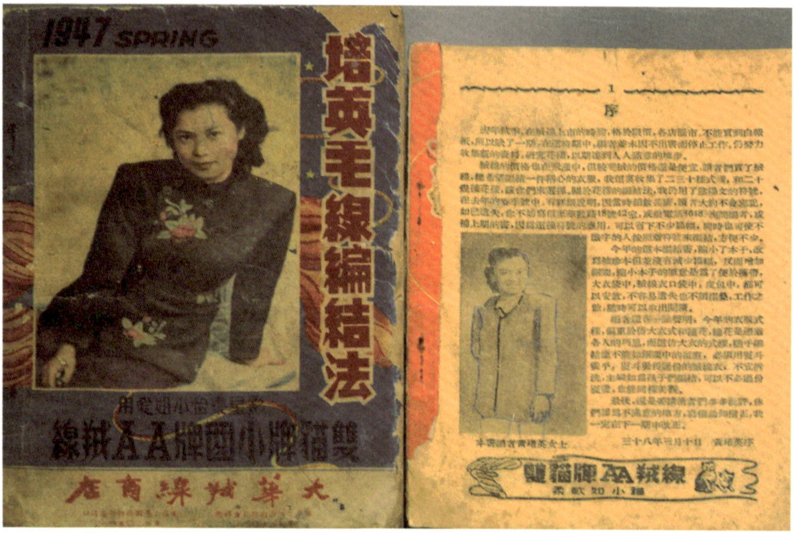

黄培英出版的编织书

结导师”，杨虎题“贤于七襄”，吴绍澍题“色式俱工”，王晓籁题“锦绣千纯”，严独鹤题“灵心妙手”，潘子欣题“日新月异”等等，真可谓名流云集、星光熠熠。书中身穿各款新颖毛衣的模特，大多为当时大红大紫的各界明星，并附详细编织方法文字说明，最后有在毛衣上刺绣图案花样参考资料及说明。

1946 年，黄培英把新开发的绒线编结新品种汇集，又结合欧美最新的流行款式，重新设计编写，书名改为《培英毛线编结法》，一上市反响热烈，先后刊印多次，其中 1947、1948、1949 连续三年印刷出版。1947 年儿童节所印书的封面人物是平剧亚后曹慧麟，同年 9 ~ 10 月所印书由职业教育家黄炎培先生题写书名，1949 年所印书的封面人物是电影明星周璇。由黄炎培先生题写书名的《培英毛线编结法》版本主要是为南京的义昌绒线公司所印，作为买毛线的赠品，用于普及推广毛线编织法。书的扉页是黄培英的照片和自序。黄培英有深厚的文学素养，因书中每款毛衣均配有当时影星名伶的着装照片，她将毛衣的款式与明星的气质有机地搭配，用隽永的语言写出各具特色的推广词。如在“锚链花”结法中，她为影星上官云珠写道：“白色给人有崇高的印象，加上有红色图案的花色，更有雍容华贵的感觉，对一个高贵的少妇，可以增加她的气度，如果在宴会上，也将是受人瞩目的贵妇。”在“凤尾花”结法中，她为影星王丹凤写道：“欧美的服饰，尚新奇，这件有围巾的背心，事实上只有前胸一方，背后用一腰带相系，穿在深秋的大衣内，很实用，你试试看，一定倍增风姿。”

新中国成立后，黄培英重新设计了符合新中国劳动人民需求的新颖款式，并连续出版了《大家来编结》1~3 册，内容涉及背心、手套、围巾、帽子、衣服的编结以及绒线绣花方法和绣花图案。1951 年她在苏州开设大新绒线店。1956 年，她受聘上海工艺美术研究所，从事专业研究与创作。在此，她专心研究古代民间线结（以各种彩色纱线或丝线，编结成各种日用品与镜框装饰品），使线结工艺从原有的三种基本结法发展成二十余种结法、两百余种图案花样，为挖掘与发展民间优秀传统线结艺术作出了贡献。黄培英创作设计的代表作品有三梭花旗袍、白色大礼服、游龙围巾、野菊花披肩等，深受中外人士喜爱。她先后编著出版了二十余本著作。1964 年被评为工艺美术师。代表作品有《培英毛线编结法》《绒线童装编结法》《民间线结》《花边编结法》《绒线服装编结法》等。

1983 年，一代编结大师黄培英病逝于上海。

黄河万里 碧血丹心

浦东是一块从大海中涨起来的土地，从长江挟带的泥沙在长江口长年累月地积聚，升高拓展，才有了上海，有了浦东，有了川沙平坦的大地。因此川沙人对于祖国的大江大河有着特殊的感情，其代表人物非黄万里莫属。

1911年8月20日，黄万里出生于上海浦东川沙镇。1924年，入无锡实业学校学习。1927年，考入唐山交通大学。毕业后，任杭江铁路见习工程师。1934年，赴美留学，先后在康奈尔大学、伊利诺伊大学获硕士、博士学位。1945年，在南京出任水利部视察工程师。1947年至1949年4月，出任甘肃省水利局局长兼总工程师和黄河水利委员会委员。1949年，出任东北水利总局顾问。1950年，任教唐山交通大学。1953年，调配至清华大学任教直至退休。黄万里一生对中国的大江大河有着至深的感情，以一个科学家的独立精神，在黄河三门峡水利工程规划和建设中孤身一人坚持自己的学术观点，并随着时间的推移逐渐被证明其准确性。黄万里被誉为“20世纪中国知识分子的脊梁”，主要学术论著有《洪流估算》《工程水文学》和《论治理黄河方略》等。

1957年6月，国家水利部在北京饭店召开由七十名学者和工程师参加的“三门峡水利枢纽讨论会”，给苏联专家的方案提意见、谈看法，给两个月前已经开工的三门峡水利工程出主意、想办法。奇怪的是在会上，除了温善章提出由高坝改修低坝水库和泄洪排沙的方案外，大部分专家学者不说话，其余的人一致认为，三门峡大坝建成后，黄河就会变成清河。面对一边倒的形势，黄万里站了出来。他不屈从当时的政治气候，不迷信苏联专家的权威，与主张修水坝者争辩了七天。黄直言，三门峡水利枢纽工程是建立在一个错误设计思想上的方案，它违背了“水流必须按趋向挟带一定量泥沙”的科学原理。“黄河清”仅仅是一个虚幻的政治愿望，现实中根本不可能实现，这水坝一定不能修。他不计自己荣辱升降，大胆直谏，“一定要修三门峡水库，将来是要闯大祸的，历史将会证明我的观点。”会上，许多人反驳他的观点。这时黄万里深深感到人微言轻，强烈的责任感使这位耿直的科学家变换了一种口气说，“如果一定要修，就请别将河底的施工排水洞堵死，以便哪一年意识到需要冲刷泥沙时，可以重新在此处开洞。”当时，与会者对黄万里的这一建议都表示同意，同时得到了国务院的批准。可惜在现场主持施工的中国“水利专家”，还是按照苏联专家原来的设计将六个施工泄水洞全部堵死，就此也把多少能挽回一点三门峡工程的错误和巨大损失的最后一点希望也给堵塞了。

原本与苏联专家的不同观点纯属学术和技术问题，可是在 20 世纪 50 年代的政治环境中，被视作重大政治问题，是“反党反苏反社会主义”的罪行。当时某领导看到黄发表的《花丛小语》后抓住只言片语说，这是什么话，把美国的月亮说得比中国的圆，结果被定性为“大毒草”，在中国最具影响的媒体上进行大批判。在宣布他划为右派分子决定时，黄万里的回答空谷足音令人动容：“伽利略虽被投入监狱，但地球仍在绕着太阳转。”

打成右派分子后，黄万里被剥夺了上讲台的权力，来到密云水库工地劳动，与普通民工一样同吃同住同劳动。晚上就住在半地下的地窖里，直到1960年才返回北京。1969年，又被下放到江西劳动。1971年，从江西回来后，更是被贬到他所反对建设的三门峡水利工程那里打扫厕所，以示对他反对修建三门峡水利工程的精神惩罚。接踵而至的肉体和精神折磨，没有摧垮黄万里的意志，也没有为所遭遇的不公正待遇甚至侮辱而后悔当初的直言争辩。他始终相信自己的观点总有一天会被证明是正确的。

他说，如果我不懂水利，我可以对一些错误的做法不作任何评论，别人也对我无可指责。但国家用公款培养了我学了水利这一行，而且搞了一辈子水利，我不说真话就是犯罪。国家养士为什么？就是要为国分忧，为民担忧，不然要我们何用！治理江河涉及的可是人命关天、子孙万代的大事！

事实不幸证实了黄万里观点的正确、三门峡水利工程修建方案的错误。1958年11月，三门峡水利工程完成截流。从此，黄万里从泥沙运行原理说明三门峡水利工程错误的观点，开始一一被

黄万里、丁玉隽夫妇

证实。1961 年下半年，15 亿吨泥沙全部沉积在从潼关到三门峡的河道里，使得渭河平原地下水位升高，从无水患的渭河两岸也不得不修起防洪堤，导致关中平原地下水无法排泄，田地开始盐碱化甚至沼泽化。听闻黄河中游淤塞，三门峡水库不能蓄水，黄万里百感交集写下《念黄河》诗：

廷争面折迄无成，既阖三门见清水。

终应愚言难蓄水，可怜血汗付沧溟。

徙薪曲突非求泽，烂额焦头自上虞。

肠断秦川陇水咽，艳阳遗照此精诚。

1964年，潼关以上淹地几十万亩，居民29万人迁往宁夏。此后，改建三门峡工程的资金超过原建工程总费用，被迫移民总计 70 余万人。

1978 年十一届三中全会后，清华大学有关组织找黄万里谈话，准备给予平反摘除右派帽子。黄万里对来人明确表示，我不承认我有什么右派帽子，给我戴帽子和给我摘掉帽子，都是别人给我搞的，反正我一概不承认。最终，黄万里成为清华大学最后一个被平反的右派分子。可惜直至离世，没任何组织或个人向黄万里因坚持反对修建三门峡水利工程而所受到的不公正待遇、并被实践证明其正确而向他道过歉。

平反摘帽后，黄万里被允许在有关专业会议上讲述自己的治黄方略，相继撰写或发表了《论分流淤灌策治理黄河》《论黄河断流及其对策》《论黄河海河的治理与华北平原的整体开发》《我看“黄河治理开发纲要”》《论江河淮海综合治理》等学术文章，并且对当时国家准备规划修建三峡水利工程，向国家决策部门多次提出自己的看法，可惜最终被排除在外，没能参加有关会议当面力陈。1998 年，长江洪水之后，黄万里感到以前在水利授课上有着不足之处，于是向系里呈书申请，列出讲义，要求上课。系领导同意了他的请求，为他安排了一堂给研究生班和教师的课。

那年，他已 88 岁高龄，并且身患癌症。上课那天，他穿上白色西服，打上红色领结。他觉得重返讲台讲课来之不易，觉得十分神圣，必须穿戴整齐，才能提高学生注意力。课堂上，他坚持站立讲课，自己书写板书。

2001 年 8 月 20 日，清华大学水利系为黄万里举行 90 周岁生日祝贺会。之前，他曾表示希望自己能坐着轮椅到会场，可是 19 日那天，他开始发高烧，没能赴会。8 月 27 日，黄万里与世长辞。临终前，这位将一生奉献给中国水利事业的科学家，在遗嘱中没有自己只有祖国的大江大河：

“治江原是国家大事，‘蓄’、‘拦’、‘疏’及‘挖’四策中，各段应以堤防‘拦’为主。汉口段力求堤固。堤临水面宜打钢板桩，背水面宜以石砌，以策万全。盼注意，注意。

万里遗嘱 2001 年 8 月 8 日。”

短短 57 字遗嘱，写尽一个中国知识分子的良知与坚守，是黄万里留在世间最后的呼声，为此他耗尽了毕生心血，受尽了苦难与委屈。毫无疑问，作为一个知识分子、一位科学家，一般都能够在顺境中做到为国为民服务，然而，一旦身处逆境，能实事求是，不畏权贵、忧国忧民者又有几人？黄万里做到了。因此，在黄万里去世之后 10 余年间，人们始终没有忘记他。

有的人活着，他已死了；有的人死了，他还活着。黄万里永远屹立在黄河长江之畔，他被誉为“20 世纪中国知识分子的脊梁”。

有人甚至不无伤感地说，“世间再无黄万里！”

油画大师 歌颂时代

艾中信（1915—2003）上海川沙孙桥人。在一生追求的美术事业中，艾中信师从徐悲鸿、吴作人等中国第一代油画大师，在创作实践中提倡现实主义，主张创作立足生活，被誉为中国第二代油画大师。

艾中信是艾可久的第17世孙。1915年出生于川沙孙桥艾家巷。父亲艾曾恪是鲁迅先生在南京水师学堂的同年级校友，当过几年川沙警务长，后在上海教书谋生；母亲宋秀云是一位坚强能干的女性，丈夫在外工作，家中的事都由她主持，里里外外一把手。艾中信家中兄弟姐妹七个，他在兄弟中排行第四，家里人称他为四弟。老大艾中仁学历不高，但英语有一定水平，难能可贵的是，新中国成立前他一再拒绝国民党政府的聘任，却多次掩护抗日志士和中共地下党员。1950年艾中仁奉命筹建川沙县西区供销合作社，并先后担任西区供销社主任、川沙县农业科长。1954年艾中仁任松江专署农林局副局长，并当选为江苏省人大代表。1962年，艾中仁终因操劳过度因病在苏州逝世，终年56岁。

老二艾中全是个老共产党员，在新中国成立前曾担任木业公司经理多年，期间为解决中共地下党组织活动经费，每年向党组织上交黄金十两作为党费。1949 年 5 月上海解放，上海市军管会成立，艾中全任军管会贸易处代理部主任。一个月后成立上海市贸易总公司，艾中全任公司副总经理，同年 9 月艾中全调任华东贸易部对内业务处处长。1952 年初“三反”开始，艾中全被人诬告为大贪污犯，报请就地正法。后经华东军政委员会副主任兼华东财经委员会主任曾三派人复查，终于洗清冤情。1953 年艾中全任华东商业局副局长。由曾三指名，调任国家商业部物价局副局长。“文化大革命”中，艾中全历经劫难。1974 年 1 月审查结论为“无任何问题”，得以解放。1975 年 2 月重新担任商业部物价局局长，1980 年初，派遣赴香港地区和新加坡等国搞外贸采购，任采购组组长。1982 年离休。1983 年 3 月应国务院任命重新担任国务院物价小组办公室副主任，直到 1985 年 2 月因身体健康原因辞职。

艾中信比老大小 9 岁，比老二小 6 岁，所以他曾在回忆录中写道：“由于没有同大哥、二哥一起在养正小学堂念过书，有时候相处的时间不多，直到我到上海读初中，我上的中学是贵族学校，每学期七八十元银洋的学费均有二哥支付，我们兄弟俩的接触才多了起来。”

艾中信自幼受到良好的文化熏陶，父亲艾曾恪及族中长辈都是地方上有名望的人士。艾中信从小喜欢画画，十岁时画的花鸟虫草，清新秀丽，画的人物栩栩如生。1927 年后，艾中信在上海南洋中学、上海大同中学相继学习时，已经开始在报上发表漫画作品。

1936 年，他以优异成绩考入南京中央大学艺术系，师从徐悲鸿、吴作人等学油画，同时选修国画。1940 年毕业时，因学业优秀，被徐悲鸿、吴作人留校任教。曾任中国美术学院副研究员。历任中央美术学院教授、油画系主任、副院长、中国美术家协会理事、中国大百科全书总编辑委员会委员、《中国大百科全书·美术》编辑委员会主任等职。艾中信的一生可谓“艺术成就了人生，人生丰富了艺术”。他的艺术作品透露着他的经历，体现着时代感

艾中信油画作品《母亲》

艾中信油画作品《雪里送炭》

艾中信油画作品《东渡黄河》

艾中信油画作品《马克思逝世》

艾中信在创作

和浓厚的现实气息。他的整个创作生涯，大体可以概括为三个时期。

20 世纪 40 年代是艾中信创作的初期。虽然当时处于战争的艰苦条件下，但他利用简陋的工具材料创作出了大量的优秀作品。其中有构思源于艾青的《青纱帐》，歌颂游击队的油画《枕戈达旦》，反映劳动人民生活的油画《卖柑者》等。这一时期，艾中信还赴湖南安江抗战前线写生，作了《渡口》《营地》《焦土》《日俘》等一批作品。1946 年，他随徐悲鸿到中央美院的前身国立北平艺专任教，并创作出大批感受真切、格调文雅的油画写生，如《雪里送炭》《紫禁城残雪》等都是这一时期的优秀作品。这些作品寓情于景，画中有诗。李可染曾评价其为“中国油画笔墨”。

从 20 世纪 50 至 60 年代，是艾中信艺术生涯中最璀璨兴旺的阶段。在艺术的道路上，他广泛游历，进一步接近大众，融入大众，以艺术家的独特视角，感受所闻所见，技巧日臻成熟，名作佳作迭出，并且许多作品在写生中完成，从而更增强了作品的感染力。他的人物画善于捕捉人物的神色性情，别具真情真味。《母亲》《老艄翁》《陕北姑娘》《晒渔网》《革命老人马夏姬》等作品，完美地体现出这一特点。《母亲》描写的是自己的生母，一副乡下人的装束——一身蓝土布衣裳，裹着灰色的头巾，端坐着与她的画家儿子对话，慈母情深，朴素无华。艾中信的风景画则体现出艺术家心情的明朗晓畅，对新生活、新社会的歌唱。题材包括石景山工厂的钢花，山野间奔跑的列车，林场上的烟气，烽火台残墙上的记忆等。《炮击金门》《大炼钢铁》《钢花》《十三陵雷雨》《麦秸垛》《木材场》《大兴安岭在望》等作品都是这一时期的代表作。1956年，艾中信访问东德。目睹异国景物，艾中信创作出一批写生画，其画风自由自在，畅所欲画，呈现出对异国风物的新鲜感受。他自谓“写生最勤快，收效最大，完成了写生近百件”。这一系列作品标志着艾中信作为写意性的写实画家的成熟。

艾中信在视察工作

改革开放之后，艾中信重拾画笔，恢复创作，进入了他的艺术创作晚期阶段。他的风格更加文雅，意境也更为隽永。1982年创作的《人类失去了一个头脑——马克思逝世》，以马克思在躺椅中溘然长辞的凝固一瞬作为表现题材，画面立意庄严肃穆，采用灰涩的沉重色调，用笔滞重，求其朴实。1987年《踏雪》，表现的是他和夫人黎莉莉女士在天坛柏树林携手踏雪而行的场景，画面用色单纯——只有深绿和灰白两色。这幅作品画幅很小，却不是寻常作品——象征了一对老年知识分子久经沧桑之后的安然消隐。他的学生、著名油画家钟涵，把这两幅作品誉为艾中信的“信念之作”和“明志之作”。

艾中信对中国油画的重要贡献无疑是革命历史题材画。他创造性地使用“全景式风景”样式，被美术界称为“艾家样”，即构图超宽幅，集人物、现场与风景为一体，壮阔宏大，气势逼人，其中《通往乌鲁木齐（中国美术馆藏）》《红军过雪山（中国革命军事博物馆藏）》《东渡黄河（国家博物馆藏）》《夜渡黄河（国家博物馆藏）》等代表作品为国家级博物馆收藏。《通往乌鲁木齐》作于 1954 年，表现的是大建设时期人民创建新业的壮阔场景。生活、传统和作者的豪情融合在一起，具有催人奋发的震撼力。《东渡黄河》采用大场景手法，表现了在日寇进逼的民族危机面前，红军英勇挺进前线的场景。画家从俯视的角度画出滚滚黄河奔流而下，队伍向渡口集结的待发之势，磅礴壮阔。《夜渡黄河》在主体、构图、风格、题材都是前作《东渡黄河》的续篇，但是在风格上表现出更大的成熟完美。画面夜空高悬，大河沉暗，凝聚着、深藏着巨大的张力；突然照明弹裂响，刘邓大军强渡的队伍从夜雾中奔涌而出。艾中信的这些作品成为 20 世纪中国油画的代表和经典之作，散发出浓郁的时代气息。

在绘画创作之外，艾中信双管齐下，同时从事理论著述，把创作的体会上升为理论。他在各种刊物上发表了几十篇论文探讨中国艺术的发展方向，尤其是油画的发展道路，也阐述自己对国内外艺术家的看法，深入浅出，发人深省。同时他还出版了一系列专著——《徐悲鸿研究》《读画论画》《油画风采谈》《怎样画油画》等。

浦东川沙人艾中信的艺术生命历程，折射出 20 世纪中国艺术家的探索路径。他一生的艺术成果和他的独特创造，散发着永久的光辉。

追求光明 血荐轩辕

冯瑞祥(1916–1949),新中国成立前夕牺牲的烈士,年仅33岁。

1949 年 4 月下旬，中国人民解放军突破长江天险，向国民党南京政府发起了最后的攻击，全国解放指日可待。5 月中旬，上海市区人民已经能够听到上海外围传来的隆隆炮声。国民党反动派也加紧了对上海共产党地下组织的搜捕，不少共产党员惨遭杀害。1949年5月19日，上海宋公园(今闸北公园)内又有16位革命者，在上海解放前夕倒在血泊之中。这中间，就有一位浦东川沙的冯瑞祥。几十年过去了，人们一直没有忘记他为上海解放作出的贡献。

20 世纪初，家住在川沙城东北青墩的青年冯子华为生活所迫告别家乡，前往山东枣庄煤矿谋生。1916 年 1 月 20 日，冯瑞祥在山东枣庄出生。冯瑞祥生长的童年时代，中国社会军阀混战，广大劳动人民生活艰难。煤矿工人备受矿主的压迫剥削。这一切在冯瑞祥幼小的心灵里引发了深切的同情，为他日后参加革命打下了最初的思想基础。冯瑞祥的母亲慈祥和善，乐于助人。常常伸出援助之手帮助别人。对冯瑞祥人生观的形成产生了很大的影响。

时局动荡决定了人生的动荡。1927 年，冯瑞祥 11 岁时，因当地军阀混战，时局混乱，被迫辍学随母亲回到川沙。一年后又返回山东枣庄读书，毕业后，考入山东中兴工专学校。

在校读书期间，冯瑞祥开始接触革命思想 ，阅读进步书刊，他从中悟出人生与社会发展的真理，结识了高年级同学戴厚基。戴是一位思想进步的革命青年，经常在同学中针砭时弊宣传革命，支持并参加煤矿工人罢工，深得冯瑞祥的敬仰。冯酷爱文艺，能歌善舞，常在学生组织演出的反封建话剧中担任角色。冯瑞祥多才多艺兴趣广泛，除了能歌善舞，还喜欢踢足球、打篮球，在绘画方面也颇具特长。

1937 年，冯瑞祥目睹祖国河山遭受日本侵略者蹂躏，无数同胞惨遭杀害，抗日杀敌之心油然而生。怀着救国捐躯的一腔热血，他参加国民党军队，开赴抗战前线，辗转于山东、武汉、西安战场。

抗战胜利后，冯瑞祥偕妻子张薇随国民党部队从宝鸡抵达上海，参加对日伪敌产的接收，在中国纺织建设公司第五棉织厂（简称中纺五棉）任人事课办事员。

中纺五棉原是日商丰田纱厂，工人受压迫剥削极为严重，工作时间长，生活和生产条件差。抗战胜利后，工人们纷纷要求厂方改善生活福利和劳动条件。冯瑞祥深知工人疾苦，同情工人要求，全力支持工人的合法权益，出面向厂方交涉。厂方慑于工人的强烈呼声，不得不退让，答应改善工人的生产生活条件。冯瑞祥抓住这一有利条件，不失时机地为工人们办起了俱乐部，托儿所等，还为工人们添置蒸饭设备。工人的生产生活条件得到一定改善，他也得到工人群众的爱戴和尊敬。不久又被派往中纺第七印染厂工作。这期间，他和山东中兴工专学校的同学、共产党人崔太灵有了接触。

1946 年秋天，一场暴雨将冯瑞祥家乡一条交通要道上的一座桥梁冲垮了。家乡人民联名请求国民党地方政府予以修复，但当地政府和富豪绅士都不管，乡亲们又修不起，每天只能绕道多走了不少冤枉路。冯瑞祥得知后非常气愤。他深知国民党的腐败，于是决定自己出资修桥，除了变卖自己不少值钱的衣服外，又在中纺五棉职员和一些好友中募捐。在凑足了一笔钱款后，他亲自送到家乡，当年就修好了那座桥，家乡人民十分感激他。

1948 年 10 月，冯瑞祥经过地下党组织多次考验，由崔太灵、郑冰绮两人介绍，加入了中国共产党，成为工人阶级先锋队的一员，接受中共茅山工委上海地下党中心站支部领导。冯瑞祥入党后，继续从事地下斗争，根据党组织指示，秘密地将中纺第七印染厂的人员情况、物资财产、技术资料等搜集起来，交给上级组织。

辽沈、平津、淮海三大战役胜利后，中国人民解放军挥师南下，饮马长江，敌我对比力量发生急剧变化。中纺第七印染厂的党员在地下党组织领导下，积极参加护厂活动，迎接上海解放。

1949 年 3 月，冯瑞祥、崔太灵、方守矱接受党组织的一项重要任务，开展对国民党部队的策反工作。国民党陆军 291 师装甲兵第 2 团联防总队的 501 汽车队和海军第二舰队的不少官兵都不愿跟随蒋家王朝一起埋葬，想找寻出路弃暗投明。地下党通过各种渠道和这些国民党部队进步官兵建立了关系，开展策反工作。随着策反工作的深入，发现其他地下党组织也在搞策反工作。策反对象是当时国民党国防部第三编练司令副司令兼参谋长陈尔晋等 10 多人，他们经常在一起商量工作。由于人多，组织不够严密，一些蛛丝蚂迹被敌人察觉。敌人派了在“中美合作所”受过训练的特务冯雪松打进策反组织。冯雪松是冯瑞祥一起的方守矱的同乡同学，又恰好曾经提供敌方较为准确的情报给方守矱 ，因此获得了方守矱的信任而放松了警惕，结果在 5 月 9 日上午 10 时，地下党员派人和冯雪松联系时，被一群特务突然包围。当天下午，冯瑞祥和妻子也遭被捕。10 日，中共茅山工委上海中心站书记曾涛也落入特务之手。

冯瑞祥被捕后，关押在国民党上海市警察局，曾涛被捕后也关在这里。在审讯过程中，冯瑞祥和曾涛在房间过道中相遇。冯瑞祥镇静自若、视死如归，虽然有好多话要对曾涛讲，但他却视而不见，装作素不相识，保护了曾涛，保护了组织。由于冯瑞祥和其他同志的刚毅不屈，曾涛始终未暴露身份。5 月 17 日，敌人只得将曾涛和冯瑞祥妻子等人取保释放。冯瑞祥、崔太灵、方守簼、陈尔晋、陆自成等 16 位革命者在酷刑面前，威武不屈，大义凛然，不招供、不出卖组织，表现出对革命事业的忠贞不渝，无私无畏的牺牲精神。

1949 年 5 月 19 日深夜，国民党上海警察局局长毛森下令，将 16 人集体枪杀于闸北宋公园。

上海解放后，中共中央华东局城工部，南京市委，茅山工委等调查了 16 位烈士被害始末后，于 1949 年 6 月 24 日，召开“宋公园 16 烈士”追悼大会，追认冯瑞祥等 16 人为革命烈士。

今天我们走浦东青墩的土地上，已经无法找到革命先辈留下的足迹，连那座他出钱修建的桥也已无踪迹。烈士们用鲜血换来的中国早已经焕然一新。然而当你站在青墩那株有着 500 多年树龄的古银杏下，或者翻开《川沙县志》等书籍，阅读冯瑞祥的传略，那么你就会有所感悟：人民没有忘记为新中国诞生而牺牲的战士，就像那株银杏树，永远屹立在家乡的土地上！

学成报国 石化女杰

陆婉珍（1924—2015）中国科学院院士，中国著名的分析化学与石油化学家、中国石油分析的开拓者和奠基人之一。

陆婉珍祖籍上海浦东川沙镇。曾祖父陆雪香、祖父陆舜卿先后任教于川沙县内。父亲陆绍云是著名的纺织技术与管理专家。童年求学川沙县立高等小学。青年东渡日本，攻读纺织专业。学成回国后，先后在上海宝成、天津宝成、常州大成、重庆维昌、上海纶昌等纺织企业任厂长或总工程师，编著有《纺织日用手册》《化学纤维纺织法》。

陆婉珍从小接受良好的教育，先后在常州读完小学，在重庆南开中学完成中学学业。中学时期陆婉珍接受了系统全面的素质教育，为她以后的成长打下了扎实的基础。1942 年夏，陆婉珍以优异成绩考入重庆中央大学化工系。在中央大学，陆婉珍幸运地遇上了杜长明、张江树、倪则埙、赵廷炳、高济宇等学界一流老师。名师的启发与训导，奠定了陆婉珍扎实的化学专业知识，接触到学术领域前沿课题，激发了她立志化学科研事业的志向。

1946 年，陆婉珍从中央大学毕业。1947 年初，二十三岁的陆婉珍作出了一个让家人十分震惊的抉择。她不顾家人和亲友们的相劝，执意一人赴美国求学。最放心不下的是陆婉珍的祖母。临别前，祖母送给她一枚金戒指。祖母说：“你这次远行，可能再也见不到我了，这点东西也许当你在远洋那边无助时有用。”五十多年后陆婉珍提起这件事时感慨地说：“想想，我那时的胆子还是够大的。只想读书，就去闯美国。”经过一个多月的海上航行，1947 年 9 月，陆婉珍来到了位于美国芝加哥郊外的伊利诺伊大学。在美国，陆婉珍先后在伊利诺伊大学取得硕士学位、俄亥俄州立大学取得博士学位。1952 年至 1953 年在美国西北大学从事博士后研究工作。

1955 年 10 月，陆婉珍与丈夫闵恩泽放弃在美国的优越生活和科研条件，克服重重困难辗转香港回到祖国。陆婉珍被分配在石油部石油炼制研究所筹建处，具体负责油品分析研究室的筹建工作。随着筹建工作的深入开展，陆婉珍逐渐认识到，她的任务就是建立一个能够对石化产品及各种催化剂、添加剂进行质量控制和质量保证的平台，这需要招揽高素质的人才和引进高水平的仪器设备，还需要有针对性地研发高效的分析方法。从此，陆婉珍千方百计从人员培养、仪器购置、项目安排等诸多方面入手，在短短几年时间内建成了门类较为齐全、人员配套完整的分析研究室，组建了原油评价、重油组成、轻油组成、气体组成、光谱分析和元素分析等课题组，搭建起了较为完整的油品分析技术平台。从 20 世纪 60 年代初开始，在分析研究面向经济建设和分析为工艺和生产服务的思想指导下，该平台在喷气燃料会战、配合炼油技术的研究开发，以及原油加工方案的制订等重大科研工作中发挥了重要作用。期间，陆婉珍亲自参加了中国第一套自行设计的催化重整工业装置在大庆开工和中国第一套硫化催化裂化工业装置在抚顺开工，并主持其分析工作。她利用气相色谱技术发现并解决了第一套催化重整工业装置开工期间遇到的重大产品质量问题，为装置的顺利投产起到了关键的作用。在此基础上，她主持编制了《近代仪器分析在石油工业中的应用》《重整分析方法汇编》和《石油化工分析方法汇编》等著作。

由于石油化工样品的特点，气相色谱技术从一诞生就与石油工业有了不解之缘。1979 年，国外发表的一篇制作石英毛细管柱的报道，引起了陆婉珍的高度关注。与传统的玻璃色谱柱相比，石英色谱柱具有无可比拟的优点。多年的色谱研发工作经历让陆婉珍意识到，这是一项有前途和实际应用价值的技术，将会给色谱技术带来一场重大技术革新。1980 年，陆婉珍带领科研人员在中国首次开发出了弹性石英毛细管色谱柱，这是中国气相色谱技术发展的一个里程碑。针对复杂炼厂气和汽油中不同烃类组成，她又指导研制出了多孔层毛细管柱和填充毛细管柱，为国内的重大新型炼油工艺的开发及时准确地提供了分析数据。20 世纪 80 年代中后期，她带领科研人员解决了液相色谱中定量检测的问题，可对分离所得的各类烃类直接进行定量分析，之后又在液相色谱柱研制方面做了大量有创新性的研究和应用工作。

原油评价是石油炼制加工流程研究的“龙头”，是炼油科研工作的基础。陆婉珍长期主持原油评价工作，逐步建立了完整的原油评价体系，并对中国发现的各种原油进行了科学系统的评价，组织汇编了 8 册《中国原油评价》，其系统、完整的评价数据为合理利用我国原油资源发挥了重要作用，被列入国家重要科技成果。结合原油评价过程中遇到的新问题，她指导科研人员和研究生开展了具有前瞻性和实际意义的基础研究工作。对于原油及其馏分油中的非碳氢元素定量分析问题，成功研制出电量法测定硫、氮、氯、水、盐和痕量砷的分析技术，为工艺过程的控制作出重要贡献，填补了我国的技术空白，其中的不少方法都具有创新性，处于当时国际先进水平。1991 年 9 月 11 日，1991 国际石油炼制和石油化工学术会议暨展览会（Interpec China 91）在北京召开。500 多名中外学者、专家与会。陆婉珍受邀作了题为“Evaluation of Chinese Crudes（中国原油评价）”的报告，系统回顾、总结了中国原油评价走过的近半个世纪的历程和成绩，尤其介绍了我国新疆原油资源情况及其性质特点。陆婉珍自豪地告诉国外友人，中国凭借自己的技术实力已经建立了从天然气到渣油的整套组成和性质分析方法。这一年，陆婉珍当选为中国科学院院士。

1995 年，71 岁的陆婉珍决定组建一支新的研发团队，开展近红外光谱分析技术的研究工作。凭借对油品的认识、炼油工业对分析技术的需求，以及对光谱结合统计学理论的掌握，她认为近红外光谱是一项极具发展和应用前景的技术，尤其是在石化分析领域，极有可能掀起一场分析效率的技术革命。当时国外已有较为成熟的近红外光谱仪器，但是陆婉珍经过深思熟虑，还是决定基于国内的研发力量，开发成套的近红外光谱分析技术。她根据当时国内仪器研制水平和实际应用需求，组建了研发团队，采用产、学、研、用相结合的方式，完成了该技术必备的硬件、软件及油品分析模型的研究和商品化，研制出了成套的实验室型和在线型近红外光谱仪，并在蒸汽裂解、催化重整和汽油调和等工业装置上得到了实际应用。在她的指导下建成了包括原油在内的较为完备的油品近红外模型数据库，不仅用于炼油企业，在国防建设上也得到了应用。陆婉珍的团队申请发明专利五十余项，发表国

陆婉珍与同事一起研究工作

内外学术论文近百篇，出版六本专著，获省部级科技进步奖十余项。

在近红外光谱研究中，陆婉珍主张“研以致用、以用促研”。她总是告诫慕名而来的拜访者，研究基础理论本身不是目的，研究的目的是开发用于生产实际的新技术和新产品，从而促进生产力的更大解放。陆婉珍情系国产分析仪器，崇尚“工匠精神”。她生前曾多次表示，愿意出资设立分析仪器研制方面的奖励基金，鼓励更多有才华的人把分析仪器的关键器件做精做透。今天，我国在近红外光谱技术研发和应用领域呈现出的欣欣向荣局面，与陆婉珍的辛勤开拓和耕耘密不可分。

陆婉珍淡泊名利，一生鲜有几个高级别的奖励，大都是部级的二等和三等科技进步奖。对此，陆婉珍淡然处之。她也常常劝一些焦躁的年轻人：“科学成绩是常年的累加，不是一朝一夕的辉煌，要在大环境中找到自己安身立命的地方，不要为了追求某些不值得的东西花太多的精力。”“年轻人要懂得宽容，与人交往时要知道合作的重要性，只有这样才能团结别人、融入集体，共同努力。”正是陆婉珍的宽容、豁达、有原则、有远见、淡泊名利的品德，使她能把一大批志同道合的同事、学生团结在一起，形成了特别有战斗力的科研团队。

1986 年，陆婉珍不幸罹患肾癌，住院期间积极配合医生治疗。她对前来看望的领导和同事们说，“切了一侧肾，我还有另一侧呢，没什么大碍。”在以后很长一段时间内，尽管经常感觉腰部不适，但在生活和科研工作中她仍保持着从容淡定的心态。为了不让家人和同事有思想负担，陆婉珍丝毫未流露出任何的不适“迹象”。科研和日常工作没有受到影响，很多人都感到不可思议。

2001 年，陆婉珍又被查出患了肺癌，她依然是遇险不惊，处之泰然。大家看到的还是她习惯的微笑。经过半年的治疗，她又一次成功战胜了病魔。

2015 年 11 月 17 日，陆婉珍在家中平静安详地去世，这位为中国分析化学和石油化学事业作出突出贡献的女科学家，享年91岁。

闵恩泽、陆婉珍夫妇

值得一提的是陆婉珍丈夫闵恩泽不仅是中国科学院院士、又是中国工程院院士、英国皇家化学会会士、2007年度国家最高科学技术奖获得者、感动中国2007年度人物之一，是中国炼油催化应用科学的奠基者，石油化工技术自主创新的先行者，绿色化学的开拓者，被誉为“中国催化剂之父”，2016年3月去世。

陆婉珍弟弟陆钟武1997年当选为中国工程院院士，在我国的冶金热能工程和工业生态学领域做出了杰出贡献。1985年获国家科技进步奖二等奖，2004年获光华工程科技奖，发表学术论文二百一十余篇，专著十部。

半路经济师
一生正直人

蔡宁林（1934—1996），上海川沙人，1934 年 4 月 3 日出生在今天的川沙新镇黄楼地区。父母务农为生，育有一子四女。蔡宁林为长子，他自小喜欢写作。早年在上海民治新闻专科学校学习。1950 年，从民治新闻专科学校参军，参加抗美援朝，任华东军区第三野战军后勤干校学员、班长、干事、政治部工作员。1952 年 6 月回国后，在长春长一汽车制造厂汽校工作，先后担任过团委常委、干事、秘书、编辑等，主要从事青年团教育、新闻、政治工作。1954 年 6 月加入中国共产党。1955 年调到第一机械工业部，先后任部长秘书、局党组织秘书、秘书组组长、调研室负责人。

1970 年蔡宁林调到国家计划委员会，开始直接具体接触经济工作，他担任过任基建计划组负责人，固定资产投资计划局副局长，被评为高级经济师。1983 年初，蔡宁林调福建省。离开北京的家，舍下妻子儿女，蔡宁林单身前往福建。先后担任福建省副省长兼省计委主任、常务副省长兼体改委主任、中共福建省委常委、省政府党组副书记。

福建当时是我国最早开放的两个省份之一，是改革试验区。如何振兴福建，不仅全省人民都在思考、探索，而且也为与福建有着紧密联系的侨胞、台胞、港澳同胞所关注，更是作为一位省级领导同志思考、探索与实践的课题。蔡宁林为加快发展外向型经济，加速原有经济特区发展步伐，振兴闽东经济之路等等，不断总结新情况，解决新问题。勤奋实践、大胆探索，提出的一些主张常常具有超前性。他是较早提出社会主义市场经济观点。他在 1988 年《关于进一步推动石狮建市工作进展的请示报告》上批示：“社会主义经济是一种商品经济，又是一 种市场经济。”当时福建省有一个地方叫“石狮”，它是亚洲最大的服装城，中国休闲服装名城，全国百强县，中国十大活力县级城市，中国大陆最佳商业城市。1987 年 12 月国务院批准设石狮市，为省辖县级市，并作为福建省综合改革试验区。最为主管经济的省级领导，蔡宁林给石狮的定义就是：“石狮的最大特点是商品经济，市场经济比较发达。因此 石狮市各项建市工作与体制改革工作必须是也只能紧紧围绕发展（而决不能是制约）石狮市商品经济的进行。” 这种市场经济思想在当时还是比较超前的。蔡宁林具有较强的开放意识，福建的基本建设历史欠账较多，他团结同志坚定地执行省委

蔡宁林手迹

提出的大搞基础设施的主张。经常跑北京和省外，以及世界银行、日本和科威特的基金组织，引进资金、引进技术，争取项目、争取条件优惠的长年低息贷款，大力发展电讯能源、机场、码头和基础工业，为福建今后的经济起飞打下了良好的基础。

蔡宁林胸怀坦荡，为人正直，旗帜鲜明，该坚持的坚持，该反对的反对，不人云亦云，不搞折中平衡。尊重知识、尊重人才，敢于大胆提拔有闯劲、有人才的年轻人。这些人中后来不少成为福建经济战线上的骨干力量。

蔡宁林在福建一干六年，一直以“单身汉”过着特殊的生活方式。他勤于工作，生活上一直保持着俭朴的作风，没有家人的照顾，住的是宿舍楼，经常靠一箱箱的方便面充饥，还经常加班、加点到深夜。他终因长年勤奋工作，鞠躬尽瘁、积劳成病，离开福建时，已是久病之身。

1987 年，蔡宁林当选为中共十三大代表。1988 年 10 月任国家物资部副部长，兼任中国计划学会常务理事。这期间，对自己的久病之身充满乐观，仍不忘深入基层，考察问题、研究问题，对我国物资投资和改革开放工作，进行深入的探索和大胆的实践。在物资流通体制改革方面，他积极推动生产资料市场建设、物资价格的并轨，以及物资业与金融业的联合；在物资产业发展方面，他强调适应物资流通市场化的发展，深化物资企业改革。蔡宁林具有较高的理论水平、扎实的经济理论和专业知识，丰富的实际工作经验，在福建省和国家物资部的工作岗位上都作出了突出贡献。

蔡宁林先后编著《希望来自大胆的探索——关于振兴福建经济的思考》《成功来自勤奋的实践——论物资、投资、外资工作与改革开放》和《流通改革与经济发展》等三部经济、物资方面的专著。其中论文集《成功来自勤奋的实践》这本书收入了蔡宁林在国家物资部、国家计委和福建省政府工作期间对我国物资、投

蔡宁林著作

资和改革开放进行探索的文章共70篇。这本书最主要的特点，是在实践中大胆地探索理论。作为一个既在地方政府又在中央部门较长时间担任过省部级领导职务的同志，蔡宁林并不满足于实践经验的积累，在实际工作中还注重理论研究，一面把丰富多彩的实践升华为切合实际的理论认识，一面用理论来指导实践并接受实践的检验。正是采用这种研究方法，使他的许多理论观点具有很强的说服力和亲切感。这本书的重点研究对象是物资、投资工作，既是关系中国经济发展实力与活力的重要问题，也是中国经济改革的关键环节。因为当今中国乃至许多国家遇到的一系列重大理论问题与实践问题，都与物资、投资工作密切相关。如计划与市场问题，经济效益问题，发展速度问题，产业结构优化问题，基础设施与综合国力问题，价格改革问题，资源配置与合理布局问题，宏观调控与发展后劲问题，吸引外资的投资环境问题，企业改革开放与增强活等等问题，因而在行业内引起很大反响，也为许多专家肯定。

1993年4月，在政府换届中，蔡宁休由于身体原因，主动要求从领导岗位上退了下来。同年，担任第八届全国政协委员。

蔡宁林是一位属于半路出家的经济专家，从小学的是新闻专业，当过兵，转业到地方后主要的工作是青年团工作和教育工作，但是一旦走入经济领域，好学肯钻研，硬是把自己从一个外行变成了一个经济专家型高级领导干部。

他一生担任过许多工作职务，调任国家物资部副部长之后，兼任中国计划学会常务理事、中国国际贸易促进会特约顾问、中日投资促进委员会副会长，还先后担任过国家无线电管理委员会委员、全国爱国卫生运动委员会委员、中国乡镇企业协会顾问、国务院贫困地区经济开发领导小组成员、国务院关税税则委员会委员、国际减灾十年中国委员会委员、国家防汛指挥部成员、第十一届亚运会组委会委员、中国少年儿童基金会常务理事、国务院清产核资领导小组成员、中国物资流通协会顾问等职。

1996 年 2 月 10 日，蔡宁林因病医治无效，在北京逝世，享年 62 岁。骨灰安葬在八宝山革命公墓。

数学家
大学者

黄且圆（1939—2012）祖籍是今天的浦东川沙新镇，她是黄炎培孙女，中国著名的数学家；她的丈夫就是中国大数学家杨乐。

且圆，是祖父黄炎培起的名字。1939 年 3 月黄且圆出生时，正好祖母从沦陷区的上海来到大后方重庆，祖父祖母团聚了。高兴之际，黄炎培给长孙女取名“黄且圆”。“且”字是“祖”字半边，一是托祖上之福夫妻团聚；二是黄炎培夫妇第一次成为了祖父母，有了自己的第三代；“圆”字寓意盼望全国人民同心抗日，早日赶走日本侵略者，是千千万万个家庭早日团圆。新中国成立后，黄且圆随父亲黄万里住到了北京，开始了安定的生活，黄且圆这时明白这大概就是祖父所希望的：国泰民安、社会祥和、合家团圆。

1958 年，黄且圆以优异的成绩考入北京大学数学系，四年的北大学习生活之后，被学校选中留校任教，在北京大学基础课部的数学室工作。正当她踌躇满志奋发有为之时，人生遭到了重大挫折。她的父亲黄万里因为在治理黄河工程上和苏联专家意见相左，又不同意一些“主流”人物意见，被认定为“右派”；而祖父黄炎培虽然是国家“大官”，却是被毛主席称为资产阶级的先进分子，“资”字当头就是麻烦，尤其是到了“文革”，不仅不能给子女和家人带来福音，反而使这个家庭遭受各种磨难，黄且圆成了“黑六类”子女，她只能以工作来弥补自己内心的痛苦。别人造反她学习，别人串联她看书，别人斗争她攻关。在痛苦的时期也会有甜蜜的时候，命运之神使她幸运地遇上了同在北京大学数学系工作的杨乐，他们俩谈恋爱，后来两人成家结婚了。由于杨乐的出身也不好，在“文革”那样环境下，两个黑六类子女不敢张扬，只能挤在一间狭小的房间里，即使条件再艰苦，他们相亲相爱，共同坚持着高深的数学课题研究；作为一个女性，黄且圆一边要坚持自己的事业，一边相夫教子，她付出了比常人更多的艰辛。

对于命运的坎坷，黄且圆没有怨天怨地，因为她相信自己的祖父，相信自己的父亲。她说：

“祖父是中国民主建国会主任委员，但不是资本家，是一介平民书生，一个教育家，家中无地无房产。祖父一生最主要的事情是办教育，他是中国职业教育的开创者。办教育的人往往对自己和家人很严格。黄且圆说：“祖父在婚姻问题上，也接受了新的思想，他特别倡导男女平等。他办了小学，就让妻子和两个妹妹去上学，以自己当教师的工资抵三人学费。他又特别恪守旧道德。祖父曾向自己留洋过的朋友提出一个问题：你们是先结婚后恋爱还是先恋爱后结婚的？他们分成两拨，祖父说自己是先结婚后恋爱的，有人说是先恋爱后结婚的。但祖父对我的祖母特别尊重，让自己的孩子都要尊重自己的母亲。上海管母亲叫‘姆妈’，也叫‘姆娘’，祖父就把方言的‘姆’字改成恩爱的‘恩’，让他的子女叫母亲‘恩娘’，对子女有恩的意思。我父亲让我们对母亲也叫‘恩娘’。父亲在美国时给家里写信，祖父在回信中细心地说，你的字太草，又写得比较小，以后要把字写得大些、工整一些，这样你母亲才能看得清楚。可见他对妻子的体贴和尊重。”“三岁左右时，一次父亲拉着我的手在散步，月光洒在一片光秃秃的土地上，那时

黄万里、丁玉隽夫妇与长女黄且圆

父亲在四川三台工作的水利工地，我们家就在工地的边上。父亲边走边对我说：‘我刚修好了一座桥，这座桥就用我的名字，叫万里桥。’那时父亲还很年轻，对自己的工作成绩兴奋不已。但事后我听说，祖父对此很不以为然，他批评父亲骄傲了，建议此桥从当地地名，命名为高家桥，并给刚出生的妹妹起名‘无满’，以示警戒。”

坎坷的命运，留给人们的也有珍贵的财产，黄且圆就是这样。应该说父亲因黄河而含冤，但她受她父亲的影响，热爱黄河矢志不移。“即使到现在，每当我见到黄河，见到黄河母亲的塑像，见到那满是沟壑的黄色高原和脸上刻着同样深壑的高原老人的形象，心中都充满无限的感动，眼泪甚至会夺眶而出。”

1978 年，在改革开放的春风里，黄且圆进入中国科学院计算机研究所工作，经过努力，自己的愿望得以实现：1983 年获得了美国康奈尔大学硕士学位；1985 年中国软件研究所成立后，她又进入软件所数理逻辑室工作；先后被聘为助理研究员、副研究员、研究员。1989 年 10 月至 1991 年 5 月先后在美国康奈尔大学、诺特丹大学、印第安纳大学等知名高校访问，成为了美国知名高校的访问学者。

黄且圆主要从事数理逻辑、模型论和计算机科学理论研究工作，具有深厚、扎实的理论功底，严谨治学，取得了多项创新性研究成果。在程序验证研究方面，她担任国家“九五”攀登项目“机器证明及其应用”子课题的负责人之一，完成了Unity语言的代数语义研究，并设计具体的程序验证系统构建；在广义算术公式化简问题的研究上，黄且圆与国外学者合作研究，完成了一个对自动机器证明有重要的理论意义和实际应用价值的判定算法；在线性逻辑方面，黄且圆是我国第一个从事此方向研究的学者，并取得一系列有意义的成果；黄且圆在《中国科学》《软件学报》《数学学报（英文版）》等刊物发表多篇高水平论文，著有专著《线性逻辑》一书，并曾担任中国数学会《数学进展》常务编委，中国数学会数理逻辑专业委员会主任；积极推动数理逻辑的学术交流。

黄且圆不仅是中国数学领域著名的科学家，而且也是有很深文学造诣的作家。她从小喜欢文学，文章写得很好，曾经被老师怀疑是别人代笔的。她大学选择数理逻辑专业，并贡献了自己的青春年华。退休以后，她在文学方面的兴趣渐浓，并且卓有成效。出版了《陈省身白云深处可耕田》《黄万里江河无情人有情》《孟昭英跟孟伯伯学英语》《一位数学家的艺术之路》《祖父黄炎培的印象》等，都受到文学界的普遍关注，尤其是《大学者》一书。

《大学者》主要内容是享誉中外的大科学家——胡先辅、孟昭英、陈省身、黄万里、彭桓武、王元、丘成桐等人的传记。与一般的科学家传记不同，作者不单叙述这些科学家的学术成就与贡献，而且更侧重于他们的人文关怀和文史哲修养，并探讨这些因素在他们成为大师、在专业领域里作出重大贡献时所发挥的作用。

黄且圆通过对20世纪30年代前后培养的学者与1952年我国大学院系调整以后培养的人才对照比较，发现我国理工科人才的培养模式受20世纪50年代苏联的影响很大，专注于理工科的专业教育，忽视人文社科理念的熏陶。这样的人才，虽有扎实的专业基础，在专业领域的工作中或有优秀的表现，但是缺乏文史哲修养，难以形成系统的学术思想，很难成为大学者。《大学者》讲述的几位科学家的故事，他们的人生经历各不相同。有的人平静顺遂，一路顺风；也有的人跌宕起伏，历经坎坷。有的人得到社会主流的高度褒奖，也有的人受到不公正的待遇，甚至是被极度打压；有的人执意留在国内，也有人的远渡重洋。他们在各自的学科中都作出了杰出的贡献，但又各有千秋。对于传统与西化他们也有不同的观点，有的崇尚西方哲学，也有的强调传统。他们当中有人桀骜不驯，也有人安详平和。这一切不仅不妨碍他们对科学的热诚追求，而且通过他们，让我们欣赏到这个世界中丰富多彩的人生，也让我们更加理解这个多元的世界。

不幸的是，正当黄且圆在文史研究和文学创作的天地中自由翱翔时，患上了重病，2012 年 3 月 10 日在北京去世，享年 73 岁。中国科学院在八宝山为黄且圆举行了隆重的追悼大会，怀念她为中国科学事业作出的杰出贡献。

在悼念黄且圆的诗文中，中学同学王秉礼写下了悼念诗句格外引人注目，诗文采用藏头诗形式，全文是这样的：

黄泉路上坎坷多，且慢匆匆过阴河。
圆梦人间亲情热，安稳升居天堂客。
息事宁心繁杂事，仙途无限必成果。
境界阴阳虽相隔，好人总让思念多。

后记

川沙是中国历史文化名镇，它成陆有千年历史，筑城有460年，长期以来是浦东地区文化、贸易和行政中心，有“浦东文化之根”的美誉。

川沙名人荟萃，雅士汇聚，光有名有姓的名人有100多名，为了进一步宣传、介绍川沙的历史和文化，我们编写了《川沙名人》。这本书介绍的名人有40名，从众多名人中挑选40位本身就是一件困难的事儿，要写出他们的一生，写好他们的事迹更是难上难的事儿，在有关部门的大力支持下，在有关人士支持关心下，我们克服种种困难，从2016年初启动到2016年年底，终于完成了这项工作。

《川沙名人》涉及的人物有四大类：先贤，先辈，先烈，先导。具体对象：1、历史上有名望、有名声、有名气的名人、名流、名家、名师、名医、名士等等；2、土生土长的今天川沙新镇境内；3、曾经在今天川沙新镇境内居住过、生活过的；4、从行政区域和川沙新镇有关联的；从地理上和川沙地区有影响的。

《川沙名人》由于多种原因，肯定存在一些不足，欢迎读者们批评指正。

我们要感谢：唐国良、柴志光、朱鸿伯等前辈、专家给予的热情指导；感谢徐文昶、陈伟忠、晓钟、蔡新等老师在资料、文献上给予的无私帮助；感谢所有在编写过程中给予我们支持的领导、朋友们。

《川沙名人》编写组

图书在版编目（CIP）数据

川沙名人 /《川沙名人》编写组编．—上海：上海科学技术文献出版社，2017
ISBN 978-7-5439-7267-4

Ⅰ．①川…　Ⅱ．①川…　Ⅲ．①名人—生平事迹—浦东新区　Ⅳ．① K820.851.3

中国版本图书馆 CIP 数据核字 (2016) 第 302856 号

责任编辑：胡欣轩　王茗斐
装帧设计：有滋有味（北京）

川 沙 名 人
《川沙名人》编写组　编
出版发行：上海科学技术文献出版社
地　　址：上海市长乐路 746 号
邮政编码：200040
经　　销：全国新华书店
印　　刷：上海新开宝商务印刷有限公司
开　　本：720×1000　1/16
印　　张：14
字　　数：175 000
版　　次：2017 年 1 月第 1 版　2017 年 1 月第 1 次印刷
书　　号：ISBN 978-7-5439-7267-4
定　　价：68.00 元
http://www.sstlp.com